Société des Études locales dans l'Enseignement public, fondée le 28 mai 1911

41, rue Gay-Lussac, Paris, V°.

2500 adhérents. — 18 groupes départementaux déjà constitués.

Monographies Révolutionnaires

N° IX.

LE CANTON D'ÉBREUIL

PENDANT LA RÉVOLUTION

(1789 A L'AN VIII)

ÉBREUIL — CHOUVIGNY — LALIZOLLE NADES — SAINT-BONNET-DE-ROCHEFORT — SUSSAT — VICQ.)

PAR

JOSEPH VIPLE

LIBRAIRIE HISTORIQUE DU BOURBONNAIS

—o—

Librairie H. DUROND

L. GRÉGOIRE Successeur

rue François-Péron

MOULINS (Allier).

BIBLIOGRAPHIE

Archives départementales de l'Allier. Inventaire de la série L., 1912.

L. Audiat. *La terreur en Bourbonnais*, 2 volumes, 1873-1893.

L. Biernawski. *Un département sous la Révolution française* (L'Allier de 1789 à l'an III), 1909.

J. Clément. *Le personnel concordataire dans le département de l'Allier*, 1903.

J. Cornillon. *Le Bourbonnais et la Révolution française,* 5 volumes, 1888-1895.

— *Transmission de la propriété dans l'Allier sous la Révolution française. Vente des biens nationaux*, 3 volumes, 1912.

G. Delarue. *Quelques pages de la Révolution française à Gannat*, 1903.

E. Delaigue. *La Révolution à Saint-Menoux*, 1908.

Lieutenant-colonel Dulac. *Les levées départementales dans l'Allier. Histoire des bataillons de volontaires de l'Allier* (1791-96), 2 volumes, 1911.

MONOGRAPHIES RÉVOLUTIONNAIRES

C. Grégoire. I. *L'ancien canton d'Ygrande* (Ygrande, Bessais, Saint-Aubin, Saint-Plaisir, Vieure), 1893.

— II. *L'ancien canton de Lurcy* (Lurcy, Couleuvre, Pouzy, Limoise, de 1789 à l'an VIII), 1894.

— III. *L'ancien canton d'Hérisson* (Hérisson, Cosnes, Louroux-Hodement, Louroux-Bourbonnais, Maillet, Saint-Caprais, Venas), 1894.

— IV. *L'ancien canton de Bourbon* (Bourbon, Couzon, Franchesse, Le Breuil), 1896.

— V. *Le canton de Saint-Pourçain* de 1789 à l'an VIII, 1904.

— VI. *Le canton de Montmarault* de 1789 à l'an VIII, 1906.

— VII. *L'ancien canton de Saint-Hilaire* (Saint-Hilaire, Buxières, Gipcy). Meillers), 1907.

M. Dénier. VIII. *L'ancien canton de Souvigny* (Souvigny, Besson Chemilly, Coulandon) (de 1789 à l'an VIII), 1907.

Société Bourbonnaise des Études locales.

La monographie de M. Joseph Viple est le premier ouvrage publié sous les auspices de la « Société Bourbonnaise des Etudes locales ». De création toute récente, la Société n'en espère pas moins faire rapidement œuvre utile à l'enseignement public et agréablement profitable à tous les Bourbonnais.

C'est le 15 février 1912 que se réunissaient à Moulins, sur la convocation de M. Malard, inspecteur d'Académie, un certain nombre de personnalités du département de l'Allier, connues par l'intérêt qu'elles portaient aux études d'histoire et d'archéologie, d'art régional, par les travaux qu'elles avaient publiés ou par la place qu'elles occupaient dans l'enseignement public. Il y avait là M. Bertrand, conservateur du Musée, M. Flament, archiviste du département, MM. C. Grégoire, le docteur Cornillon, Francis Pérot, Choussy, Joseph Viple, historiens locaux, archéologues, antiquaires, Mmes Bousquet, Marie, Gaget, MM. Godey, Delsériés, Bec, Puechmaille, Schérer, Mauve, Filliot, Jeanjean, appartenant à l'enseignement public, Dunan, professeur honoraire, etc. Le but de la réunion était de répondre à une demande d'adhésion qu'adressait la « Société des Études locales dans l'Enseignement public » fondée à Paris, rue Gay-Lussac 41, le 28 mai 1911, « pour encourager les études d'intérêt local parmi les membres de l'enseignement à tous les degrés et adapter les résultats de ces études à l'enseignement ». Cette Société se présentait sous le haut patronage de MM. Lavisse, Bayet, Poincaré, Gasquet, Maurice Faure, et avec la direction effective de MM. Charles-V. Langlois, Léon G. Pélissier, Pfister, Gallois, le secrétaire étant M. Ch. Jouanny, inspecteur primaire à Châteaubriant. La Société sollicitait des adhésions en indiquant que les adhérents se grouperaient en sections générales ou locales et que ces groupes locaux s'organiseraient à leur gré.

La réunion acceptant en principe d'adhérer à la Société de Paris, le 29 février une première assemblée générale des membres de la future société locale adopta les statuts qui devaient la régir et composa son bureau. Le titre officiellement choisi de « Société bourbonnaise des études locales » indiqua le caractère d'autonomie que le groupement entendait conserver ; mais reconnaissant l'importance et l'utilité du principe fédératif, les membres de la Société acceptaient de se considérer en fait comme une section de la Société parisienne et adoptaient nettement son programme, ses statuts généraux et ses règlements.

C'est en assurant dans des conditions avantageuses l'impression des ouvrages relatifs au département, œuvres des membres de la Société bourbonnaise, en ménageant des conseils autorisés aux auteurs de recherches et de travaux locaux, en envoyant gracieusement les publications des groupes de l'Association qui intéresseraient spécialement des membres adhérents, en envoyant des conférenciers, que la Société centrale étendra au groupement bourbonnais les bienfaits de son action.

D'autre part, la Société bourbonnaise publiera sur place son bulletin, des articles courts et précis, des monographies de communes, telles que le recueil publié récemment par les instituteurs de l'arrondissement de Gannat sous la direction de M. l'inspecteur primaire Germouty. Elle fera donner aux élèves-maîtres des écoles normales d'instituteurs et d'institutrices des conférences sur les archives communales, organisera des visites aux collections départementales et communales.

Dans chacun de ses quatre groupes correspondant à nos quatre arrondissements, elle développera le goût des études d'histoire, de géographie, d'économie régionales chez les instituteurs de l'Allier dont elle sera le lien et pour l'utilisation du travail desquels elle est surtout fondée.

La Société compte déjà quatre-vingts membres à quatre mois d'existence. Elle espère voir ce chiffre s'accroître rapidement et fait appel à toutes les bonnes volontés. Elle n'a rien d'une Académie, elle est essentiellement populaire, mais sans attache politique d'aucune sorte, sans le moindre souci d'une confession quelconque ou même d'une tendance sociale. Elle veut simplement faire revivre le passé de nos villes que connaît la grande histoire, comme Moulins, Montluçon, Gannat, Saint-Pourçain, et aussi de nos chères petites localités, à l'ombre des clochers romans desquelles ont vécu nos pères, transformant peu à peu les forêts, les marécages, les sables, en nos belles campagnes d'à-présent.

Parmi les groupes affiliés à la « Société des Études locales dans l'Enseignement public » (2.300 adhérents) et qui sont déjà plus de trente, organisés ou en formation, la « Société bourbonnaise » fera bonne figure.

Maurice Dunan,
Président
de la « Société bourbonnaise des Études locales »

Moulins, 7 juillet 1912.

LE CANTON D'ÉBREUIL PENDANT LA RÉVOLUTION

INTRODUCTION

Formation du canton d'Ebreuil en 1789.

En 1789, une des premières préoccupations de l'Assemblée Constituante fut de donner au royaume une nouvelle division territoriale en même temps qu'un système administratif unique.

Les agglomérations d'habitants, qui s'appelaient, suivant leur importance, leur situation ou leur origine, villes, bourgs, paroisses ou communautés, devinrent des circonscriptions uniformes nommées communes. Les communes furent groupées pour former les cantons; les cantons, les districts; les districts, les départements (1).

Chaque commune, chaque district, chaque département devait être administré de la même façon.

On anéantissait ainsi les anciennes démarcations et on ramenait toutes les parties du royaume aux mêmes lois et au même esprit.

Le département de l'Allier était divisé en sept districts et cinquante cantons. Les districts étaient : Moulins, Cérilly, Montluçon, Montmarault, Gannat, Cusset, Le Donjon.

Le district de Gannat avait neuf cantons : la ville de Gannat, les neuf communes limitrophes dont le siège était également Gannat, Ebreuil, Bellenaves, Charroux, Chantelle, Saint-Pourçain, Escurolles, Brugheas.

Ces diverses circonscriptions ne furent pas établies sans de nombreuses difficultés. Toutes les rivalités de clochers, toutes les ambitions locales se déchaînèrent.

En 1630, 80 villes ou paroisses appartenant à la province d'Auvergne avaient été rattachées pour la perception des impôts à la généralité de Moulins. Ce territoire fut vivement discuté entre les départements de l'Allier et du Puy-de-Dôme. La paroisse de Chouvigny protesta contre son annexion à celui de l'Allier; éloignée de 12 lieues de Moulins, elle jugeait plus profitable à ses intérêts d'être incorporée au Puy-de-Dôme (2).

---

(1) Décrets des 15 janvier, 16 et 26 février 1790. Le canton était une superficie territoriale d'environ quatre lieues carrées. Un district comprenait huit ou dix cantons ; un département, sept ou huit districts.

(2) Louis Biernawski. Un département sous la Révolution française (L'Allier de 1789 à l'an 3), page 57.

La ville d'Ebreuil également revendiqua ses droits séculaires pour être rattachée à ce département. Dans une adresse présentée à l'Assemblée, elle exposa que les collectes (1), jadis distraites par le maréchal d'Effiat, n'avaient jamais cessé d'appartenir à l'Auvergne. « Elles en ont constamment suivi les régimes, si ce n'est celui de l'impôt ; elles sont toutes du ressort des tribunaux d'Auvergne et ont, les villes exceptées, continué de jouir des franchises de la province. Messieurs les Députés du Bourbonnais et la ville de Gannat prennent dans cette espèce les dénominations de Généralité et de Province pour la même chose, mais cela est démonstrativement illusoire, puisque les 102 collectes ou paroisses sont reconnues être de la province d'Auvergne et seulement de la généralité de Bourbonnais, ce qui est absolument différent...

« Les provinces ont leurs limites, ce qu'elles renferment est la propriété de leurs habitants, et une province ne peut s'approprier ou demander la distraction d'une partie de l'autre, même pour un régime quelconque, que de gré à gré et pour l'intérêt commun... Le vœu évident de la Nation est que les limites des provinces soient respectées, mais non celles des élections dont l'inutilité est aujourd'hui reconnue...

« La ville d'Ebreuil, étant située à l'extrémité du département projeté par Messieurs les députés du Bourbonnais, il arrivera qu'elle sera obligée de faire seize lieues de poste pour se rendre au chef-lieu, au lieu qu'en la restituant à la généralité d'Auvergne, en faisant un district à Ebreuil ou à Aigueperse, qui n'est éloigné que de quatre lieues de poste, elle n'en aurait que sept ou neuf à faire pour se rendre au chef-lieu du département de la Basse-Auvergne, dont elle n'a cessé de faire partie, malgré la distraction de 1630... » (2).

Cette dernière phrase montre qu'en sollicitant son rattachement au département du Puy-de-Dôme, Ebreuil espérait par sa situation devenir chef-lieu d'un district.

Certaines paroisses du démembrement y furent rattachées, mais d'autres, parmi lesquelles Ebreuil et Chouvigny, furent réunies à l'Allier.

La délimitation des communes entraîna également des modifications aux anciennes circonscriptions administratives, les collectes, ou religieuses, les paroisses.

Des villages dépendant des collectes de Chouvigny et de Nades

(1) La collecte était la circonscription créée pour la répartition de la taille.
(2) Louis Biernawski. Un département sous la Révolution française (L'Allier de 1789 à l'an 3), pages 58 et 59.

furent rattachées, malgré les protestations de leurs habitants, à la commune de Servant. D'autres, la Grande Lande, la Petite Lande, le bas de Chouvigny, Montauvin, les Chambons, le Breuil, Boilieu, le Soult, Péraclos, le Moulin du Baile, et le Grand-Moulin, qui étaient de la paroisse de Saint-Gal, furent réunis à la commune de Chouvigny.

Des hameaux de la paroisse de Servant, chez Girandet, le Goujat, Berthenoux, les Mosnoux, le Méry, Combémorel, Mazon, Machelon, le Tillot, demandèrent au contraire à faire partie de la commune de Chouvigny.

Le hameau de Chambray, de la paroisse de Servant, fut attribué à Chouvigny; celui des Pétards, de la paroisse de Chouvigny, à Nades.

De même le village d'Arson, qui dépendait de la collecte de Saint-Bonnet de Rochefort, obtint d'être rattaché à Vicq.

La collecte du Chatelard fut réunie à celle d'Ebreuil pour former la commune d'Ebreuil, à laquelle on joignit également le hameau du Mont-David, qui appartenait à la paroisse de Saint-Quintin.

La Sioule fut prise sur une certaine longueur comme limite entre les départements de l'Allier et du Puy-de-Dôme (1).

Cela vint même troubler certaines affinités qui s'étaient développées dans la vallée depuis des siècles. Le faubourg d'Outre-Sioule, qui de tout temps avait appartenu à la paroisse d'Ebréuil, fut rattaché à la commune de Saint-Quintin, canton de Menat, district de Montaigut, département du Puy-de-Dôme.

La commune de Saint-Quintin, qui avait de continuelles relations avec Ebreuil, protesta elle-même contre la décision qui la plaçait dans ce département. Le 4 juillet 1790, le maire, Rabusson, présenta à la municipalité d'Ebreuil une délibération de sa municipalité, demandant à être incorporée au département de l'Allier. « La commune de Saint-Quintin, y est-il dit, est en droit de représenter qu'il serait bien malheureux pour elle, si elle était obligée de rester du district de Montaigut, d'où il y a cinq fortes lieues de distance, des chemins très mauvais et très dangereux par la quantité de bois qu'il faut traverser pour y parvenir, et du canton de Menat, qui est éloigné de quatre lieues, dont la majeure partie des chemins est très difficile à tenir, en ce qu'il y a des sentiers presque impraticables, que les collecteurs, chargés du recouvrement des impôts, seraient grandement exposés lorsqu'ils seraient obligés d'aller au district. La municipalité a tout intérêt

(1) Pendant douze kilomètres environ, de l'embouchure du ruisseau la Gourdonne jusqu'à Ebreuil.

de demander que Saint-Quintin soit joint au canton d'Ebreuil, et au district de Gannat; des extrémités de la paroisse d'Ebreuil, il n'y a pas une demie lieue; pour preuve le faubourg d'Outre-Sioule, qui est de Saint-Quintin, appartenait à la ville d'Ebreuil avant la destruction du pont; et des parties les plus éloignées à Gannat, on compte deux petites lieues, et toujours la grand-route. Les habitudes et le petit commerce sont avec ces deux villes... ».

Le canton, qui avait pour chef-lieu Ebreuil, comprenait les communes de Ebreuil, Chouvigny, Lalizolle, Nades, Saint-Bonnet de Rochefort, Sussat et Vicq (1).

En l'an 8, le canton d'Ebreuil fut supprimé. Les communes d'Ebreuil et de Saint-Bonnet de Rochefort furent jointes au canton de Gannat; celles de Chouvigny, Lalizolle, Nades, Sussat et Vicq, au canton de Bellenaves.

Puis l'arrêté du 26 pluviôse au 10 détacha Ebreuil du canton de Gannat pour le rattacher à celui de Bellenaves, et y transporta en même temps le chef-lieu de canton. Le nouveau canton d'Ebreuil comprenait alors dix-sept communes : Ebreuil, Bellenaves, Chirat l'Eglise, Chouvigny, Coutansouze, Echassières, Lalizolle, Louroux de Bouble, Nades, Naves, Saint-Bonnet de Bellenaves, Sussat, Tizon, Valignat, Veauce, Vernusse et Vicq. Il se trouvait être un des plus grands du département; sa population dépassait 10.000 habitants.

I

Organisation administrative. — Administration municipale.

Sous l'ancien régime l'administration locale variait à l'infini. Les paroisses rurales étaient administrées par le seigneur. Dans de rares circonstances seulement la communauté des habitants était consultée. Seuls les bourgs importants avaient une municipalité.

A Ebreuil, cette municipalité comprenait des consuls et des échevins. A la fin du XVIIIe siècle, il y avait un maire royal, assisté d'un lieutenant de la mairie royale.

Le règlement du 18 août 1788, organisant l'assemblée provinciale du Bourbonnais, institua des assemblées municipales. Ces assemblées municipales étaient composées du seigneur et du curé de la paroisse, qui en faisaient partie de droit, du syndic, choisi par

(1) Population des communes du canton en 1793 : Ebreuil 1.840 habitants, Chouvigny 567 hab., Lalizolle 663 hab., Nades 450 hab., Saint-Bonnet de Rochefort 1.200 hab., Sussat 500 hab., Vicq, 1.010 hab. ; total 6.230 habitants.

la communauté, et de trois, six ou neuf membres également choisis par elle proportionnellement au nombre des feux.

Nous ne possédons aucun document sur ces assemblées ; nous ignorons même si elles fonctionnèrent.

Le 12 novembre 1789, l'assemblée nationale décréta « qu'il y aurait une municipalité dans chaque ville, bourg, paroisse ou communauté de campagne » (1).

Par le décret du 14 décembre suivant, elle organisa l'administration municipale, uniformément pour tout le royaume. Tous les membres, y compris le maire, étaient élus directement par les citoyens actifs. Etait citoyen actif tout Français, âgé au moins de 25 ans, qui n'était pas serviteur à gages, ni frappé de condamnations judiciaires, domicilié de fait dans la commune depuis un an, payant une contribution égale à la valeur de trois journées de travail, inscrit sur les registres de la garde nationale.

L'administration municipale comprenait le corps municipal, les notables et le procureur-syndic.

Le corps municipal était composé du maire et des officiers municipaux ou adjoints. Le nombre de ceux-ci variait suivant la population. Il était ainsi fixé pour les communes du canton : Ebreuil, 5 ; Chouvigny, 5 ; Lalizolle, 5 ; Nades, 2 ; Saint-Bonnet de Rochefort, 5 ; Sussat, 2 ; Vicq, 5.

Pour être nommé officier municipal, il fallait être citoyen actif et payer une contribution directe au moins égale à la valeur locale de dix journées de travail. Certaines fonctions étaient en outre incompatibles.

Le maire était élu à la majorité absolue pour deux ans, mais n'était pas immédiatement rééligible.

Les autres membres du corps municipal étaient élus à la majorité absolue pour deux ans, et renouvelables par moitié chaque année.

Les notables étaient en nombre double de celui du corps munipal : Ebreuil, 12 ; Chouvigny, 12 ; Lalizolle, 12 ; Nades, 6 ; Saint-Bonnet de Rochefort, 12 ; Sussat, 6 ; Vicq, 12.

Le corps municipal et les notables réunis formaient le conseil général de la commune, appelé à délibérer sur les affaires les plus importantes concernant des emprunts ou des aliénations de biens communaux.

Les notables étaient élus à la majorité relative pour deux ans et renouvelés par moitié chaque année.

(1) « A ces dénominations diverses, la Convention substituera la dénomination unique de *commune*, par le décret du 10 brumaire an II (31 octobre 1793) ». (Lavisse et Rambaud, Histoire générale, tome VIII, page 79.)

Le procureur-syndic avait une mission de surveillance. Il était chargé de défendre les intérêts et de poursuivre les affaires de la commune. Il assistait aux réunions de la municipalité, sans y avoir voix délibérative. Il était élu pour deux ans et rééligible.

La municipalité avait deux sortes de fonctions, les unes propres au pouvoir municipal, les autres propres à l'administration générale de l'Etat, qui lui étaient déléguées. La loi du 14 décembre 1789 les énumère.

Les premières étaient « de régir les biens et revenus des biens communaux ; de régler, d'acquitter celles des dépenses locales, qui doivent être payées des deniers communaux ; d'administrer les établissements, qui appartiennent à la commune, qui sont entretenus de ses deniers, ou qui sont particulièrement destinés à l'usage des citoyens, dont elle est composée ; de faire jouir les habitants des avantages d'une bonne police, notamment de la propreté, de la salubrité, de la sécurité et de la tranquilité dans les rues, lieux et édifices publics ».

Les secondes étaient la « répartition des contributions directes entre les citoyens dont la communauté est composée ; la perception de ces contributions ; le versement de ces contributions dans les caisses du district ou du département ; la direction immédiate des travaux publics dans le ressort de la municipalité ; la régie immédiate des établissements publics destinés à l'utilité générale ; la surveillance et l'agence nécessaire à la conservation des propriétés publiques ; l'inspection directe des travaux de réparation et de reconstruction des églises, presbytères et autres objets relatifs au service du culte religieux ».

Un décret de l'assemblée nationale du 29 décembre 1789, ordonna la convocation des assemblées pour les élections des municipalités.

Elles eurent lieu, à Ebreuil, le 21 février 1790 pour le maire, les officiers municipaux et le procureur-syndic, le lendemain 22 février, pour les notables.

Furent nommés : *maire*, Antoine Juge, 51 ans, avocat au Parlement, notaire royal ;

Officiers municipaux, Henry Jouandon, 49 ans, fermier au Chatelard ; Nicolas François Ballet, 34 ans, greffier en chef de l'élection de Gannat ; Amable Villiet, 49 ans, cabaretier à l' « Auberge du Bon Port » ; Pierre Montel, 45 ans, propriétaire ; Louis Delarue, 46 ans, huissier royal ;

Procureur-syndic, Joseph Gaspard Lesbre, 51 ans, notaire ;

Notables, Luc Sirot, 70 ans, menuisier ; Gilbert Garraud, 63 ans, chirurgien ; Pierre Ballet, 64 ans, propriétaire ; Louis

Marcoux, 53 ans, marchand; Michel Gilbert Juge, 61 ans, bourgeois; Pierre Ray, 54 ans « batier »; Charles Mallery, 70 ans, serrurier; Labussière (probablement Antoine Labussière, meunier); Guillaume Lesbre, 53 ans, propriétaire; Antoine Pailet, 61 ans, marchand; Pierre Conchon, notaire; Pierre Peigue (probablement cultivateur à Sainte-Foy).

Le 24 février, Charles François Ledoux fut choisi comme secrétaire-greffier de la municipalité.

Dans les autres communes du canton, les registres des délibérations n'existent pas ou sont si incomplets, qu'il est impossible de reconstituer la composition exacte de leurs municipalités.

Chouvigny : En septembre 1791, nous trouvons Antoine Cante maire, Antoine Pétard et Marien Monier, officiers municipaux. A la fin de 1793, ils occupaient encore les mêmes fonctions; François Durantel, Lacoutière, Souliat, Méritel étaient alors notables, et Antoine Benay procureur-syndic. Le 6 pluviôse, an II, ce dernier, ne sachant ni lire ni écrire, céda sa place à François Durantel, qui devint dans la suite agent national.

Lalizolle : En septembre 1791, Simon Emelin était maire et Jean Vivier procureur-syndic. En décembre suivant, Antoine Jouandon fut élu maire et resta en fonctions pendant les années 1792 et 1793.

Nades : Antoine Delarue, notaire, fut élu maire en 1790, puis remplacé par Jean Redon, qui occupait ces fonctions en septembre 1791. Le 5 décembre 1791, Delarue fut réélu maire à l'unanimité et maintenu jusqu'en l'an III (1).

Saint-Bonnet de Rochefort : En septembre 1791, la municipalité était composée de : Gervais Alligier, curé, maire; Hercule Courtin, Jean Luquet, Auguste Giraudet, Gilbert Le Boit, Louis Chanselme, officiers municipaux; Sébastien Luquet procureur-syndic.

Les élections municipales de décembre 1791 furent annulées par le district.

Le 2 décembre 1792, l'assemblée électorale se tint dans l'église paroissiale; elle comptait 50 votants. Furent élus : Sébastien Luquet, maire; Marien Gonnard, de Trimouille, procureur-syndic, et agent national à partir du 20 pluviôse an II; Jean Boulignat, Augustin Angioux, Hercule Courtin, Gilbert Figeat, Antoine Montillon, officiers municipaux; Jean Luquet, Augustin Giraudet, Jean Pro-

---

(1) A l'assemblée électorale du 5 décembre 1791, le curé fut nommé président. Comme très peu d'électeurs savaient écrire, on convint de procéder par acclamation. Delarue fut acclamé maire. Pour contrôler, le président invita tous les partisans de Delarue à mettre leur chapeau sur leur tête. Tout le monde se couvrit. (H. Germouty, *Monographies communales*, page 433.)

phète, Jean Chatel, Jean Mathieu, Henri Joviot, Antoine Luquet, Pierre Clusel, Jean Gonnard de Linard, Philibert Matillon, Jacques Blanc, Jean Laumet le jeune, notables.

Le 10 messidor an II, Hercule Courtin fut remplacé dans le corps municipal par Louis Coullon, qui accepta en déclarant « qu'un vrai républicain était toujours prêt à répandre la dernière goutte de son sang pour être utile à la patrie ».

Sussat : François Valleton était maire en septembre 1791; Louis Barbat et Bernard Ledoux officiers municipaux. Puis Claude Valleton fut maire de 1793 jusqu'en l'an III. L'un des deux officiers municipaux était alors Jacques Gransaigne.

Vicq (1) : La municipalité élue en février 1790 était composée de Pierre-Claude Papon Derioux, maire (2), Gilbert Ponthenier, Gervais Ray, Pierre Valet, Sébastien Echégut, Simon Royet, officiers municipaux; Jean-Jacques Boirot Lafond, procureur-syndic; Antoine Margeridon, Antoine Guillot, Royet, Annet Borde, Picharles, Aujame, Badoche, Bonnet Bourgougnon, Claude Carte, Pierre Auget, Jean Ray, Jean Perrin.

Le renouvellement de la moitié de la municipalité eut lieu le 21 novembre 1791. 87 électeurs prirent part au vote. Le corps municipal fut alors composé de Gervais Ray, Sébastien Echégut, François Sancelme, Gilbert Ponthenier, Antoine Carte; le conseil des notables de Antoine Margeridon, Antoine Guillot, Royet, Annet Borde, Picharles, Aujame, Jean Vallet, Jean Ray, Gilbert Bourdier, Pierre Vallet, François Glachet, Louis Grobost.

En novembre 1792, furent élus : Pierre-Claude Papon Derioux, maire; Antoine Guillot, Gilbert Bourdier, Pierre Vallet, Jean Ray, Gervais Ray, officiers municipaux; Jean-Jacques Boirot Lafond, procureur-syndic, et agent national à partir de nivôse an II; Pierre Boirot, François Randon, Bonnet Papon, Jacques Chanat, Michel Ronfet, Simon Royet, Maurissard, Claude Lartaud, Villeneuve, Aujame, Mallapaire, notables.

(1) Il existe aux Archives départementales de l'Allier deux registres des délibérations municipales de Vicq, l'un de juin 1790 au 6 octobre 1793, l'autre du 26 mai 1793 au 24 messidor an III.

(2) Pierre-Claude Papon, fils de Pierre Papon, sieur de Rioux, châtelain de Nades et autres lieux, notaire royal, et de Louise Bertrand, était né à Vicq le 16 avril 1751. Il avait servi en qualité de gendarme dans la compagnie d'hommes d'armes d'ordonnance, sous le titre de gendarmes écossais, avec rang de sous-lieutenant de cavalerie, du 6 octobre 1775 au 1er avril 1788. Son frère, Jean-Jacques Pierre Papon de Beaurepaire, qui joua également un rôle important pendant la Révolution, était né à Vicq le 25 mars 1757, et avait épousé, le 19 octobre 1781, Louise-Félicité de Rollat, fille de messire Michel de Rollat de Puiguillon.

Papon fut destitué de ses fonctions de maire par arrêté de Vernery représentant du peuple, en date du 9 floréal an II, et remplacé par Gervais Ray, de Vodo, remplacé lui-même dans le corps municipal, par arrêté du 6 prairial, par Marien Picharles. L'arrêté du 9 floréal nommait également notables François Château et Antoine Guyot, à la place de Bonnet Papon et de Papon Maurissard, destitués, et François Sancelme, d'Arson, à la place de François Randon, ex-curé, qui avait quitté la commune.

Pierre Boirot, notable, étant mort au commencement de l'an III, fut remplacé, le 5 prairial an III, par Mathieu Trellet, instituteur (1).

Le 4 février 1790, le roi s'était rendu à l'assemblée pour jurer de travailler avec elle à la prospérité de la Nation. Ce serment fut répété de commune en commune dans toute la France. Le 7 mars suivant, à Ebreuil, les officiers municipaux, les notables et habitants, « après avoir assisté au Te Deum chanté dans l'église paroissiale en action de grâce de l'heureuse révolution, dont nous sommes témoins, ainsi que des sentiments paternels et patriotiques exprimés au milieu de l'assemblée des représentants de la Nation le 4 février dernier par le meilleur et le plus chéri des rois, puisqu'il s'y est déclaré le protecteur et le plus ferme appui de notre liberté », se sont transportés sur la place publique pour y prêter le serment civique « au milieu des réjouissances que doit imposer à tous français l'amour de la liberté, ainsi que l'heureux accord du roi et de nos augustes représentants pour nous la procurer; c'est pour cela qu'ils ont tous juré d'être à jamais fidèles à la Nation, à la Loi, au Roi, et de maintenir au péril de leur vie tous les décrets émanés de la profonde sagesse de la diète qui travaille pour notre bonheur avec un courage et une constance si énergique et si soutenue. »

Les élections pour les assemblées du département eurent lieu à Moulins, du 26 mai au 1er juin 1790, pour celles du district du 2 au 4 juin.

La loi du 22 décembre 1789 avait établi dans chaque département une administration de département, et dans chaque district une administration de district. La première se composait de 36 membres, la seconde de 12. Il y avait en outre un procureur général-syndic près de chaque administration de département et un procureur-syndic près de chaque administration de district.

(1) Pierre Boirot était le père de Jean-Jacques Boirot Lafond, agent national.

Tous étaient élus par les électeurs composant l'assemblée électorale qui nommait les représentants à l'assemblée législative.

Ces assemblées administratives étaient renouvelables par moitié tous les deux ans.

Une fois élues, elles se divisaient en deux sections : directoire de département et conseil de département ; directoire de district et conseil de district.

Les électeurs choisis par l'assemblée primaire du canton d'Ebreuil furent Lesbre, Juge, Ballet, de Grillon, Delarue, Bourgoing, Boirot des Serviers, Jouandon, Boirot Lafond. Les quatre premiers seuls se rendirent à Moulins.

Antoine Juge fut élu à l'assemblée départementale et Joseph-Gaspard Lesbre à l'administration du district. Il fallut donc les remplacer dans leurs fonctions municipales (1).

Le 20 juin, Edouard de Grillon, 43 ans, propriétaire à la Grave, fut nommé maire, et accepta cette charge « à la grande satisfaction des habitants qu'il avait déjà si bien servis par son zèle et son patriotisme ». Le même jour, Claude Bourgoing, 46 ans, curé de la paroisse, fut nommé procureur-syndic.

Au commencement de décembre 1790, eut lieu, à Ebreuil, le renouvellement de trois officiers municipaux et de six notables sortants, Pierre Conchon, notable, Mathieu Chesmier, 41 ans, marchand, et Antoine Méténier, 47 ans, aubergiste, remplacèrent dans le corps municipal Nicolas-François Ballet, Henry Jouandon, et Pierre Montel. Dans le conseil général, Luc Sirot, Gilbert Garraud, Pierre Ballet, Michel Gilbert Juge, Pierre Ray, Pierre Peigue restèrent en fonctions. Les autres furent remplacés par Charles-Michel Pellison, 36 ans, chirurgien ; Gaspard Faussier, 38 ans, propriétaire ; Etienne Bonneau, 34 ans, notaire ; Jean Coulange, 50 ans, boulanger ; Charles Pannetier, 43 ans, propriétaire ; Gilbert Guyot, 56 ans, perruquier.

Le 12 décembre 1790, Bourgoing ayant fait remarquer que sa situation de curé était peu compatible avec la fermeté et la sévérité nécessaires pour faire exécuter les ordonnances de police, la municipalité, afin de le conserver comme procureur-syndic, désigna pour remplir les fonctions de commissaire de police Etienne Bonneau, notable depuis quelques jours.

Mais peu après, le 16 janvier 1791, Bourgoing offrit sa démission de procureur-syndic, déclarant que « cette place, à laquelle il était tout dévoué, ne lui procurait aucun moyen de faire le bien général, qui était l'unique objet de ses vœux, à cause des entraves

(1) Lesbre fit partie du directoire du district jusqu'au 1er mai 1791.

que des personnes malintentionnées et peu citoyennes paraissaient
y mettre et que plus on avait droit d'attendre de son patriotisme
et des vertus de son état, plus il craignait de paraître au-dessous
pour les raisons indiquées ». Toutefois, sur les instances de la
municipalité, il revint sur sa décision.

Dans le département de l'Allier, la tenue des assemblées primaires pour les élections des députés à l'Assemblée Législative
eut lieu le 19 juin 1791. Conformément à la nouvelle Constitution,
les citoyens actifs de chaque canton furent convoqués au chef-
lieu pour nommer au scrutin de liste, à raison de 1 pour 100, les
électeurs destinés à composer les assemblées électorales. A ces
assemblées électorales était confié le choix des députés, des
magistrats, des administrateurs des départements et des districts.

Pour pouvoir être membres des assemblées électorales du
second degré, il fallait avoir un revenu égal à 150 journées de
travail dans les campagnes, à 200 journées dans les villes, ou
encore payer comme locataire la valeur de 150 journées de travail,
être fermier de biens dont le revenu représentait 400 journées de
travail (1).

L'assemblée primaire du canton se tint sous la présidence
d'Edouard Potrolot de Grillon. Furent élus : Jean-Jacques Boirot,
Vicq; Jean-Edouard Potrolot de Grillon, Ebreuil; Henry Jouandon,
Ebreuil ; Antoine Delarue, Nades; Nicolas-François Ballet, Ebreuil,
Joseph-Gaspard Lesbre, Ebreuil; Gilbert Pouthenier, Vicq; Gil-
bert Barthélemy, dit de Montgond, Saint-Bonnet de Rochefort;
François Gerle, ci-devant vicaire à Ebreuil, curé de Chouvigny,
alors vicaire à la cathédrale de Moulins. Sous prétexte que ce
dernier était inéligible, l'assemblée nomma à sa place Antoine
Fanget. Au cours de la vérification des pouvoirs, l'élection de
Gerle fut déclarée valable et son suppléant Fanget ne fut pas
admis.

Le 24 juin 1791, on apprit à Ebreuil la fuite du roi; le même
soir, à 4 heures, tous les citoyens se réunirent sur le Champ de
Mars, autour des officiers municipaux. Après que le maire leur
eut expliqué la gravité des événements, tous déclarèrent « à l'unanimité faire leurs efforts pour donner à la Nation des preuves de

(1) Les électeurs, au nombre de 421, devaient se réunir à Moulins le
26 juin, ce qui eut lieu; mais la fuite du roi obligea de surseoir aux opérations, qui furent reprises le 25 août; furent élus députés à l'Assemblée Législative : Pierre-Antoine Jouffret de Bonnefond, Etienne Douyet, Joseph Henne-
quin, Gilbert Ruet de la Motte, Gilbert-François Gaulmin, Jacques Boisrot,
comte François-Bernard d'Escrots d'Estrée ; suppléants : Joseph Bouloux
J.-F. de Favières, François-Gaspard Saint-Quentin.

leur zèle, de leur civisme et de leur patriotisme ». Puis devant la garde nationale en corps, tambours battants, drapeau déployé, chaque citoyen prêta le serment « d'être fidèle à la Nation, à la Loi, au Roi, de maintenir de tout leur pouvoir la Constitution ».

Des dépêches de la Constituante apportèrent l'ordre de veiller et surveiller jour et nuit, d'arrêter toute personne de quelque qualité ou condition soit-elle, qui n'aurait un certificat ou un passe-port régulier. La garde nationale veilla sans relâche, fouillant tous les étrangers, empêchant qu'aucune arme, cheval ou munition ne sorte de la commune. On fit en outre le recensement du plomb et de la poudre chez les marchands, avec défense d'en vendre sans ordre de la municipalité.

Le 14 août 1791, Edouard de Grillon, « vu la mésintelligence et le peu de considération que le corps de la municipalité marque pour les vues qu'il a toujours eu de remplir les fonctions attachées à sa place », donna sa démission de maire ; mais elle ne fut pas acceptée.

Le 13 novembre 1791, il y eut renouvellement de la moitié des corps municipaux Etienne Bonneau, nommé avoué près le tribunal de Gannat, avait donné la veille sa démission de notable, en raison de l'incompatibilité qui existait avec ses nouvelles fonctions.

Villiet et Delarue, officiers municipaux sortants furent remplacés par Michel Gilbert Juge et Henry Jouandon. Le conseil général, après renouvellement des membres sortants, se trouva composé de : Louis Pellisson, 40 ans, propriétaire ; Antoine Berrier, 38 ans, ancien greffier du bailliage ; Antoine Laurence, 48 ans, jardinier ; Charles Michel Pellisson ; Gilbert Guyot ; Vestizon, marchand tailleur d'habits ; Charles Pannetier ; Gaspard Faussier ; Antoine Juge ; Antoine Fanget, 51 ans, ancien notaire, expert-géomètre. Deux autres noms manquent. Bourgoing abandonna définitivement ses fonctions de procureur-syndic et fut remplacé par Nicolas François Ballet.

Le 27 janvier 1792, de Grillon se retira définitivement et Joseph Gaspard Lesbre lui succéda comme maire le 5 février suivant.

Le 11 juillet 1792, Nicolas-François Ballet, élu premier assesseur du juge de paix, donna sa démission de procureur-syndic, en raison de l'incompatibilité existant entre ces deux fonctions.

Le 15 juillet 1792, les fonctionnaires publics et la garde nationale furent requis de se tenir en état d'activité ; et les membres de la municipalité se mirent en surveillance permanente.

Le texte de la loi suspendant le pouvoir exécutif fut publié le 13 août sur la place publique, au son de la caisse. C'est ainsi, sans la moindre émotion, sans la moindre protestation, que la population apprit la chute de la royauté.

Les 26 et 29 août, se réunirent dans chaque chef-lieu de canton les assemblées primaires. Celle du canton comptait 880 électeurs. Furent élus : Amable Villiet, Ebreuil ; Claude Valleton, Sussat ; Jean-Jacques-Pierre Papon Beaurepaire, Vicq ; Gilbert-Mathieu Rozier, Ebreuil ; Jean Valleton, Nades ; Antoine Jouandon, Lalizolle ; Antoine Cante, Chouvigny ; Pierre-Claude Papon Derioux, Vicq. L'assemblée pour l'élection des députés à la Convention se tint ensuite, le 2 septembre, au Donjon (1).

Une des premières mesures de la Convention fut d'ordonner la réélection des corps administratifs. Le 18 novembre 1792, Gilbert-Mathieu Rozier, d'Ebreuil, fut élu administrateur du district et membre du directoire.

Les élections municipales eurent lieu, à Ebreuil, en décembre 1792. Antoine Fanget fut élu maire, Pierre Deneuville, 41 ans, notaire, procureur-syndic, poste qui, après la loi du 14 frimaire an II, devint celui d'agent national.

Furent élus officiers municipaux : Claude Pitat, 28 ans, officier de santé ; Louis-Augustin Chesmier, 54 ans, propriétaire ; Gilbert Guyot ; Guillaume Lesbre ; Louis Pellisson. Le conseil général dut certainement être renouvelé aussi, en partie tout au moins.

Le 20 mars 1793, la municipalité « considérant que la patrie en danger exige la plus grande surveillance de la part des citoyens vraiment républicains, principalement dans ce moment où les partisans de la tyrannie et de l'incivisme se sont réunis pour rétablir le règne de l'opposition ; que par une suite de leurs manœuvres, ils sont parvenus à mettre pied à terre sur nos côtes et à faire irruption dans les départements de la Vendée, de la Seine-Inférieure, où ils ont brûlé et fait évacuer plusieurs villes et villages, portant la terreur, l'effroi et la désolation partout où ils passent, que les cendres de ces malheureuses victimes, qui ont péri dans les flammes, réclament une prompte et éclatante vengeance et que les opprimés attendent de leurs concitoyens les plus prompts secours. ... arrête que les décrets des 28 mars, 29 juillet, 7 décembre 1792, et 26 février 1793 seront exécutés, et que pour d'autant mieux veiller à la tranquillité publique, la municipalité est dès ce moment en permanence. En conséquence, elle met et requiert toutes les gardes nationales du canton de se tenir en état de réquisition permanente

(1) Furent élus députés à la Convention : Vernin, Gilbert Chevalier, Pourçain Martel, Claude-Lazare Petitjean, Pierre-Jacques Forestier, Joseph Beauchamp, Pierre Giraud ; suppléants : Jean Joseph Deléage, Georges-Antoine Chabot.

pour aller à la défense des frontières, au premier avis qui leur en sera donné ; arrête que tous parents d'émigré, qui sont résidents dans cette municipalité ne pourront en sortir sans une autorisation expresse, et que les pères et mères, dont les enfants sont absents, seront tenus de justifier dans les 24 heures, au greffe de cette municipalité, de leur existence dans le royaume, ou de leur mort, ou de leur absence hors du royaume pour le service de la République. Le tout conformément et sous les peines du décret du 12 décembre 1792 ».

Le 20 juin 1793, Brissot ayant été arrêté à Moulins, le conseil municipal de Gannat et la Société populaire protestèrent contre cette arrestation. La Convention révoqua aussitôt les membres de l'administration du district, et ordonna, par décret des 23-24 juin, comme punition, le transfèrement provisoire du chef-lieu du district à Saint-Pourçain.

La municipalité d'Ebreuil, considérant que ce décret était préjudiciable à tout le canton, soit par l'éloignement, soit par la difficulté de pratiquer les chemins en temps d'hiver, étant éloigné de 7 à 8 heures, supplia la Convention de rapporter son décret.

Les démarches pressantes et répétées de deux délégués de la municipalité de Gannat, partis pour Paris, obtinrent de la Convention un décret en date du 3 juillet, rapportant les précédents.

Les assemblées primaires furent appelées à voter l'approbation de la Constitution de 1793, les dimanches 14 et 21 juillet 1793. Le canton donna 880 pour sur 880 votants, c'est-à-dire l'unanimité (1).

Aux termes de la loi, chacune de ces assemblées devait déléguer un de ses membres pour porter à Paris le résultat de scrutin. Mais environ 8.000 délégués seulement s'y rendirent et il est très probable qu'il n'y eut personne du canton d'Ebreuil.

En 1793, l'assemblée primaire du canton comptait 1.790 votants et devait nommer sept électeurs. La réunion ne se faisait plus au chef-lieu pour tout le canton. La commune d'Ebreuil avait une assemblée ; les communes de Saint-Bonnet de Rochefort et de Vicq une seconde assemblée ; les communes de Sussat, Nades, Lalizolle et Chouvigny, une troisième assemblée.

L'organisation administrative fut profondément modifiée par le décret du 9 mars 1793, donnant aux représentants à la Convention en mission dans tous les départements le droit de destituer ou de remplacer les fonctionnaires et de prendre toutes les mesures nécessaires, même celles de sûreté générale. Le décret du 17 juillet 1793 attribua à leurs arrêtés le caractère de lois provisoires.

(1) Louis Biernawski. Un département sous la Révolution française (L'Allier de 1789 à l'an III), page 426.

Les premiers, Forestier et Fauvre-Labrunerie furent envoyés dans l'Allier le 9 mars, puis Legendre le 23 août. Mais ils n'y séjournèrent pas.

Le régime des représentants en mission commença vraiment avec Fouché, qui arriva à Moulins le 25 septembre, et y resta jusqu'au 1er octobre. Ces quelques jours suffirent pour lui permettre de faire œuvre durable, et « avec le mois d'octobre se levait sur l'Allier l'aube sinistre de la Terreur » (1).

En brumaire an II, Noël Pointe vint remplacer Fouché. Il se montra actif, laborieux, et même, relativement aux circonstances, libéral.

Vernery lui succéda, envoyé pour organiser dans le département le gouvernement révolutionnaire. Il eut à cet effet à épurer les administrations, mais, dans cette œuvre, il fit toujours preuve de modération.

Le texte du décret de la Convention du 14 frimaire an II « relatif au gouvernement révolutionnaire » arriva à Ebreuil le 4 nivôse ; il fut lu, publié et affiché le lendemain en la manière ordinaire.

Le 17 nivôse, la municipalité fut appelée à se prononcer sur l'épuration de l'agent national Deneuville. Sur 16 votants, il y eut 8 voix pour et 8 voix contre.

Le 19 nivôse, on procéda à un nouveau scrutin ; cette fois il y eut 10 voix pour et 6 voix contre. Jean Roussel, 47 ans, huissier public, notable, fut chargé de remplir provisoirement les fonctions d'agent national.

A cette date, le conseil général était composé de : Michel Juge, Joseph-Gaspard Lesbre, Charles Pellisson, Antoine Marien Lesbre, Amable Villiet, Marcoux, Mathieu Chesmier, Louis Delarue, Antoine Berrier, Nicolas-François Ballet, Antoine Juge, Jean Roussel.

Le 15 pluviôse, Vernery nomma Pitat agent national ; puis, le 20 germinal, il désigna Antoine Delarue, 26 ans, propriétaire, pour lui succéder dans la municipalité, et Charles Juniet, 31 ans, marchand, pour y remplacer Guillaume Lesbre destitué à la suite de l'épuration générale des corps constitués.

Louis Pellisson donna, le 12 floréal, sa démission d'officier municipal pour aller s'installer comme instituteur à Naves. Il fut remplacé, le 19 prairial, par Jean Roussel, qui lui-même fut remplacé dans le conseil des notables, le 29 prairial, par Etienne Avas, 41 ans, aubergiste, voiturier et marchand de blé.

Après Vernery, vint Forestier. Il était encore en mission lorsque se produisit le 9 thermidor.

(1) Louis Biernawski. Un département sous la Révolution française (L'Allier, de 1789 à l'an III), page 426.

On ne s'aperçut guère dans le canton du 9 thermidor an II.

La Convention ordonna l'épuration des autorités locales, mais il n'existe aucune trace de cette épuration à Ebreuil.

Le 14 thermidor, le conseil général, « vu le danger imminent, auquel la patrie avait été exposée quelque moment par la malveillance de quelques uns de ses représentants et craignant que les ramifications de cette faction ourdie par le traître Robespierre et ses complices ne s'étendissent jusque dans nos contrées », se constitua en permanence, décida qu'il y aurait toujours deux membres au bureau de la maison commune, et donna ordre au commandement de la garde nationale pour que chaque nuit six gardes nationaux soient en activité de service, de préférence des jeunes gens afin de ne pas gêner les moissons.

Le 9 thermidor fut suivi d'une réaction contre la Terreur. Les terroristes furent frappés partout. C'est le représentant Boisset qui vint dans le département chargé de cette mission.

Un arrêté du Comité de Législation du 2 germinal an III nomma maire : Antoine Fanget; officiers municipaux : Gaspard Lesbre, Augustin Chesmier, Antoine Delarue, Antoine Juge, Gilbert Guyot, agent national, Claude Pitat. Le 16 germinal, eut lieu le renouvellement de la moitié du conseil général. Restèrent en fonctions . Nicolas François Ballet; Charles Pellisson; Louis Delarue; Étienne Avas; Michel Juge; Antoine Berrier; les autres furent remplacés par : Ouradoux Vernignes, 68 ans, notaire, maire royal d'Ebreuil avant 1789; Antoine Méténier; Pierre Montel; Annet Desrioux; Antoine Pailet fils, voiturier; Jean Baptiste Granet, 59 ans, propriétaire aux Sarrons, ancien capitaine général des Gabelles à Ebreuil.

Le représentant du peuple Guillerault, en mission dans le département, prononçait alors des paroles de paix et d'union. Le 25 prairial an III, devant l'assemblée du district de Gannat, il dit qu' « envoyé par la Convention Nationale, il venait au milieu de nous y porter des paroles de paix, de consolation et essuyer les larmes des malheureux; que trop longtemps le règne de la tyrannie y avait exercé ses cruautés; qu'enfin des jours plus heureux nous permettraient de jouir paisiblement des fruits de la Révolution; que la justice seule base d'un bon gouvernement devait présider à toutes nos actions et inspirer une confiance [mutuelle; que sa mission étoit principalement de cicatriser les plaies profondes et malicieusement multipliées par les terroristes, dont il se déclarait l'ennemi juré; que cependant il saurait distinguer celui qui n'est qu'égaré, qui s'est laissé entraîner par l'impulsion de l'astucieux, d'avec le méchant par caractère; que tels étaient les principes professés par la Convention, dont il était l'organe et son délégué pour mettre en usage ses maximes et confondre les scélérats ».

Les électeurs furent consultés pour l'acceptation de la Constitution du 5 fructidor au III. Le canton se prononça pour par 504 voix sur 504 votants, c'est-à-dire à l'unanimité.

L'organisation administrative fut profondément modifiée par cette Constitution. Les communes de moins de 5.000 habitants furent groupées en municipālités cantonales où chacune était représentée par un agent municipal et un adjoint. Auprès de chaque municipalité était un commissaire nommé par le gouvernement, chargé de surveiller et de requérir l'exécution des lois.

Le canton resta composé des mêmes communes : Ebreuil, Chouvigny, Lalizolle, Nades, Saint-Bonnet de Rochefort, Sussat, Vicq.

Les membres de l'administration municipale, élus le 15 brumaire an IV, furent installés le 17. Conformément à la Constitution, la moitié était renouvelable le 1er germinal an V.

Elle comprenait : *Président de la municipalité*, Edouard (de) Grillon ; *Ebreuil* : Louis Vestizon, Charles Juniet ; *Chouvigny* : Michel Benay, Antoine Lacoutière ; *Lalizolle* : Antoine Emelin, Claude Batisse. *Nades* : Antoine Delarue, Jean Valleton ; *Saint-Bonnet de Rochefort* : Barthélemy Mongond, Sébastien Luquet ; *Sussat* : Claude Valleton, Antoine Daubannay ; *Vicq* : Pierre Claude Papon, Pierre Bourdier.

Par arrêté de l'administration centrale du département, en date du 15 brumaire, Antoine Juge fut nommé commissaire exécutif provisoire, puis à titre définitif par arrêté du 29 brumaire suivant. Le 26 pluviôse de la même année, il fut remplacé par Boirot Lafond.

L'administration centrale du département fixa à la municipalité le nonidi de chaque décade pour tenir ses séances.

La municipalité une fois constituée choisit Jean Baptiste Molinary pour secrétaire, et lui adjoignit Mathieu Chesmier. Elle occupait plusieurs salles dans le bâtiment de l'hôpital.

D'après la Constitution, pour être électeurs du 1er degré il fallait avoir 21 ans, une année de domicile, et payer une contribution quelconque. Ceux-ci nommaient, à raison de 1 sur 200, les électeurs du second degré, qui avaient la charge de choisir les membres des administrations départementales, de la magistrature, et du corps législatif. Pour être éligible au second degré, il fallait être âgé de 25 ans, jouir d'un revenu égal à 150 ou 200 journées de travail.

L'assemblée primaire du canton, qui se tint le 20 fructidor an III, comptait 330 votants. Furent élus pour l'an IV : Barthélemy Mongond, Gaspard Lesbre, Jean Jacques Papon, Pierre Claude Papon.

Parmi les électeurs élus pour l'an V, dont nous ne possédons pas la liste complète, figurait Louis Augustin Chesmier.

Pour l'an VI, les électeurs furent : Joseph Gaspard Lesbre, Nicolas François Ballet, Pierre Conchon, Simon Emelin, Claude Valleton ; et pour l'an VII : Jean-Jacques Boirot, Louis Augustin Chesmier, Antoine Emelin, François Gerle.

L'assemblée primaire du 1er germinal an VII, présidée par Antoine Delarue, de Nades, fut le théâtre d'une scission qui donna lieu à la protestation suivante : « Les citoyens scissionnaires de l'assemblée primaire du canton d'Ebreuil, département de l'Allier, réunis en la commune d'Ebreuil, dans le local servant de halle au blé font la déclaration suivante au procès-verbal de l'assemblée primaire : Affligés de la nécessité de nous diviser, mais entraînés par l'amour de la patrie et le désir de maintenir la constitution de l'an III, sentiments qui doivent pénétrer tous les cœurs républicains et prédominer sur toutes les opinions, nous avons dû, pour ne pas perdre l'exercice de notre souveraineté, nous retirer d'une assemblée, dont toutes les opinions préparées d'avance, et indirectement annoncées nous auraient réduits au rôle de citoyens passifs. La formation du bureau a été un avertissement pour nous que les rapports qui nous avaient été faits n'étaient que trop vrais. En effet, nous savions d'avance qu'il devait être composé des mêmes personnes en partie qui surent si bien l'accaparer dans les précédentes assemblées. Nous distinguerons entre autres les citoyens Lesbre, Emelin et Chesmier, tous les trois membres de l'administration, mais, cette nomination étant illégale, toutes celles qui se sont suivies doivent être nulles ». Furent élus alors : Gilbert Mathieu Rozier, Mongond, Claude Pitat, Antoine Fanget, Antoine Delarue.

Cette scission avait été provoquée parce qu'on avait permis de voter à deux individus qui ne payaient pas de contributions, et à un prêtre qui aurait tergiversé dans la prestation des serments prescrits par la loi.

Mais on ne tint aucun compte du procès verbal des scissionnaires, qui s'élevaient au nombre de 13, et on accepta le choix de l'assemblée primaire permanente. Une loi du 7 thermidor an VII déclara valables les opérations de l'assemblée primaire du canton tenue sous la présidence de Lesbre, et annula celles de la fraction tenue par Fanget.

Après les élections du 1er germinal an V, l'administration municipale fut ainsi composée : *Président* (de) Grillon ; *Ebreuil* : Mathieu Rozier, Charles Juniet ; *Chouvigny* : Michel Benay, Antoine Cante ; *Lalizolle* : Antoine Emelin, Claude Batisse ; *Nades* : Antoine Delarue, Pierre Barrel : *Saint-Bonnet de Rochefort* : Jean Louis Bardoux, Sébastien Luquet ; *Sussat* : Claude Valleton, Gilbert Gransaigne : *Vicq* : Pierre Claude Papon, Pierre Bourdier.

Le 8 pluviôse an V, le commissaire exécutif fit sommation à Papon d'abandonner sur le champ ses fonctions d'agent municipal, étant beau-frère de deux émigrés. Celui-ci, après des hésitations et des protestations, démissionna le 26 fructidor an V.

En vertu de la loi du 19 fructidor an V, par mesure d'épuration, un arrêté de l'administration centrale du département, en date du 19 vendémiaire an VI, suspendit provisoirement de leurs fonctions les citoyens « Potrolot, dit Grillon », Papon, agent démissionnaire de Vicq, et Bourdier, adjoint de cette commune, pour les motifs suivants : « Le citoyen Potrolot, dit Grillon, ne professe pas les sentiments républicains qui conviennent à un magistrat du peuple ; il est attaché à l'ancien régime par ses relations journalières ; il est dur à l'égard de ses administrés ; enfin il ne remplit pas ses devoirs avec le zèle et l'assiduité nécessaires » ; « Papon, vu ses principes inciviques… » « Bourdier, son adjoint, étant son colon, n'agit que par son influence. »

Cette mesure devint définitive par un arrêté du directoire exécutif en date du 16 ventôse an VI.

Le 29 vendémiaire, Claude Pitat avait été élu président à la place de de Grillon ; Pierre Conchon, d'Arçon, et Jean Ray dit Pierret, agent et adjoint de la commune de Vicq.

Le renouvellement de la seconde moitié de la municipalité eut lieu le 1er germinal an VI. Elle se trouva ainsi composée : *Président* : Claude Pitat ; *Ebreuil* : Mathieu Rozier, Charles Juniet ; *Chouvigny* : Michel Benay, Gilbert Chapuzet ; *Lalizolle* : Antoine Emelin fils, Claude Batisse ; *Nades* : Antoine Delarue, Pierre Barrel ; *Saint-Bonnet de Rochefort* : Jean-Louis Bardoux, Sébastien Luquet ; *Sussat* : Jacques Gransaigne, Bernard Ledoux ; *Vicq* : Pierre Conchon, Sébastien Ayat.

La commission de l'hospice ayant protesté contre l'élection de Pitat à la présidence de la municipalité en raison de l'incompatibilité qu'il y avait entre cette fonction et celle d'officier de santé de l'hospice qu'il occupait depuis plusieurs années, celui-ci dut se retirer.

Louis Augustin Chosmier fut élu à sa place président provisoire par 3 voix contre 3. Son élection fut contestée par Rozier. Dès lors la municipalité fut divisée ; il y eut dans son sein des discussions nombreuses ; on ne fit rien, et il n'y eut jamais une majorité.

Conchon, Emelin, Gransaigne et Benay, soutenaient Chesmier. Celui-ci s'étant installé comme président le 9 vendémiaire an VII, Rozier démissionna et Delarue quitta la salle. Le lendemain, Conchon, afin de prouver que son opposition n'avait pour but que le bien du canton, constatant que ses amis avaient maintenant la majorité, donna sa démission.

Le 1er brumaire suivant, Lesbre fut élu agent de la commune d'Ebreuil à la place de Rozier, et le 24 brumaire, Conchon fut réélu.

Le renouvellement de la moitié de la municipalité se produisit le 9 floréal an VII. Elle fut composée : *Président* : Louis Augustin Chesmier ; *Ebreuil* : Joseph Gaspard Lesbre, Gilbert Chardonnet ; *Chouvigny* : Benay, Gilbert Chapuzet ; *Lalizolle* : Antoine |Emelin fils, Claude Batisse ; *Nades* : Delarue, Barrel ; *Saint-Bonnet de Rochefort* : Mongond, Sébastien Luquet ; *Sussat* : Jacques Gransaigne, François Valleton ; *Vicq* : Conchon, Sébastien Ayat.

La Constitution de l'an VIII supprima les municipalités cantonales pour rétablir en partie les anciennes circonscriptions administratives. Chaque commune reprit son administration particulière.

La municipalité cantonale tint sa dernière séance le 18 floréal an VIII.

Joseph Gaspard Lesbre et Gilbert Chardonnet exercèrent provisoirement les fonctions de maire et adjoint de la commune d'Ebreuil. Un arrêté du 24 prairial an VIII les remplaça par Antoine Fanget et Pierre Beauduit.

En pluviôse an VIII, un arrêté préfectoral avait nommé membres du conseil municipal : Antoine Juge, Claude Pitat, Jean Baptiste Granet, Antoine Delarue, Nicolas François Ballet, Louis Pellisson, François Courtaurel, Gervais Pailet.

Justice de paix.

La nuit du 3 août 1789 vit l'abolition des justices seigneuriales. Puis le décret du 24 mars 1790 décida que l'organisation judiciaire serait reconstituée en entier. Ce fut l'œuvre de la loi des 16-24 août 1790, qui confia la nomination des juges, comme celle des administrateurs, à l'élection.

Le canton d'Ebreuil fut placé dans le ressort du tribunal du district de Gannat (décret du 23 août 1790) ; dans chaque canton, il y avait un juge de paix assisté de prudhommes assesseurs au nombre de quatre. Tous étaient élus pour deux ans.

Le 24 novembre 1790, l'assemblée primaire du canton nomma juge de paix François Gerle, vicaire à Ebreuil. Mais il y avait incompatibilité et le directoire du district annula l'élection. Le 15 décembre suivant, Antoine Juge fut élu. Le maire forma aussitôt opposition contre le scrutin parce qu'on avait trouvé 7 bulletins de plus que le nombre des votants. Une nouvelle élection, ordonnée par le directoire du département, eut lieu le 10 février 1791. Antoine Juge fut élu de nouveau.

Le décret du 1er brumaire an II, ayant déclaré incompatibles les fonctions de notaire et de juge de paix, celui-ci dut se retirer. Il fut remplacé, le 18 pluviôse par son gendre Gilbert Mathieu Rozier, qui resta en même temps membre du conseil général du district.

Le 3 ventôse an III, Rozier démissionna en ces termes : « Je soussigné Gilbert Mathieu Rozier, juge de paix du canton d'Ebreuil, déclare donner ma démission de ladite place de juge de paix, motivée sur des affaires domestiques qui s'opposent à l'assiduité qu'exige cette fonction importante, m'engageant néanmoins à en continuer l'exercice jusqu'à mon remplacement. A Gannat, ce 3 ventôse an III de la République française une et indivisible ». Signé, Rozier.

En réalité, il allait au devant d'une destitution ; ses opinions paraissaient alors trop avancées.

Le 29 brumaire an III, le représentant du peuple dans le département avait nommé à sa place Henry Jouandon. Cette nomination fut confirmée, le 23 germinal suivant, par le Comité de législation.

Jouandon exerça les fonctions de juge de paix jusqu'en l'an VIII.

II

La défense nationale.
Garde nationale. — Volontaires. — Recrutement. — Réquisitions.

Garde nationale. — Comme toutes les villes, Ebreuil possédait avant la Révolution une milice bourgeoise, dont il est question dans divers documents.

En 1789, la crainte des brigands, qui jeta l'effroi à travers les campagnes, amena dans chaque localité l'organisation des gardes nationales. Ce n'est cependant que dans les premiers mois de 1790 qu'une compagnie fut formée à Ebreuil.

Le 5 avril les habitants s'assemblèrent sur la place publique pour choisir les officiers. Furent élus à l'unanimité : *Capitaine-commandant*, Edouard Potrolot de Grillon ; *capitaine en second*, Guillaume Lesbre ; *lieutenant en premier*, Étienne Bonneau ; *lieutenant en second*, Antoine Berrier ; *sous-lieutenants*, Louis Pellisson et Etienne Bouquerot ; *porte-enseigne*, Odile de Grillon fils ; *sergent-major*, Etienne Bœuf ; *sergents*, Antoine Bègue Vion, Antoine Juge fils, Antoine Pailet fils, Antoine Marcoux fils ; *caporaux*, Jacques Simonet, Antoine Louis Vestizon fils, Antoine Sirot, Jean Chassaing ; *chirurgien-major*, Venant Sauvage ; *aumônier*, François Gerle, vicaire de la paroisse (1).

Puis, suivant l'usage, la bénédiction des drapeaux eut lieu, en présence de la municipalité, le dimanche 23 mai, après les vêpres dans l'église de l'hôpital.

Après que le curé Bourgoing eut procédé à la cérémonie, la milice se rendit sur la place d'armes. Là les officiers prêtèrent entre les mains des officiers municipaux le serment « de rester fidèles à la Nation, à la Loi, au Roi à la Constitution décrétée par l'Assemblée Nationale et acceptée par le Roi ; de prêter main-forte lorsqu'elle sera requise par les corps administratifs et les officiers civils et municipaux ; de n'employer jamais ceux qui sont sous leurs ordres contre les citoyens, si ce n'est sur une requête qui sera toujours lue en présence des troupes assemblées ».

Les soldats jurèrent à leur tour « d'être fidèles à la Nation, à la Loi, au Roi, à la Constitution, de n'abandonner jamais les drapeaux, et d'observer exactement les règles de la discipline militaire ».

Edouard de Grillon, élu maire le 20 juin 1790, dut se démettre de ses fonctions de capitaine-commandant. Le lendemain 21 juin, son fils, Odile de Grillon, fut élu à sa place. Antoine Juge fils fut nommé porte-enseigne.

Puis la liste des sous-officiers fut ainsi arrêtée : *sergents*, Antoine Marcoux, Jean Labussière, Gaspard Faussier, Mathieu Chesmier, Louis Vestizon ; *caporaux* : Antoine Sirot, Jacques Simonet, Antoine Pailet fils, Jean Chassaing, François Chateau, Jean Vacher, Guillaume Marouan, Jacques Larocque. On adjoignit à la milice Antoine Boisy en qualité d'arquebusier.

En juin 1790, une milice nationale fut également organisée à Vicq. Il fut procédé à la bénédiction des drapeaux, le 4 juillet, par le curé Randon.

Des députés de toutes les gardes nationales du district se réu-

(1) Le 30 avril 1791, Etienne Bonneau, nommé avoué près le tribunal de Gannat, donna sa démission de capitaine.

nirent à Gannat pour choisir des délégués à la Fête de la Fédération (1).

Afin d'armer quelques hommes, le district envoya, en août 1791, des fusils à la municipalité d'Ebreuil.

La garde nationale fut régulièrement créée dans tout le royaume par le décret du 29 septembre 1791. Tous les citoyens actifs durent s'y inscrire sous peine de privation de leurs droits politiques. Elle fut alors organisée par district et par canton et non par commune. Les grades étaient à l'élection. L'uniforme devait être habit bleu de roi, veste et culotte blanches.

La garde nationale joua un certain rôle à cette époque ; elle devait veiller jour et nuit pour assurer la sécurité des populations de la ville et des environs. Dans les fêtes publiques, elle avait toujours un rôle de parade, et escortait toujours la municipalité (2).

Le lundi, 9 juillet 1792, les municipalités du canton se réunirent pour désigner les députés qui devaient se rendre à la fête de la Fédération du 14 juillet, à Gannat.

La garde nationale dut se dissoudre dans la suite, car il n'est plus question d'elle jusqu'en brumaire an II. A cette date, la société populaire invita le conseil général de la commune d'Ebreuil à la réorganiser.

Chaque municipalité du canton forma une compagnie, en n'y comprenant pas les jeunes gens de la première réquisition, qui néanmoins devaient servir jusqu'à leur départ. Les officiers s'assemblèrent ensuite au chef-lieu pour nommer les chefs. Le 26 fructidor an II, Nicolas François Ballet fut élu commandant en chef, et Claude Cavy, adjudant.

Une seule compagnie existait alors pour les communes de Sussat et de Vicq, dont les gradés étaient : *capitaine*, Gilbert Ponthenier ; *lieutenant*, Jacques Gransaigne ; *sous-lieutenants*, Sébastien Ayat et François Daubannay ; *sergents*, François Chateau et Etienne Daubannay ; *caporaux*, Jean Sancelme, Quintien Brelurut, Bonnet Daubannay, Gilbert Grosbeau.

Un décret de la Convention ayant dispensé du service de la garde nationale tous ceux qui avaient besoin de leur salaire pour vivre, journaliers, manœuvres, ouvriers d'état, domestiques, il y

(1) La milice d'Ebreuil était représentée par Odile de Grillon, Guillaume Lesbre, Etienne Bonneau, Antoine Berrier, Louis Pellisson, Etienne Bouquerot, Antoine Juge fils, Antoine Marcoux, Etienne Bœuf, Amable Leschier, Antoine Bègue Vion, Jean Glachet, Antoine Labussière, Joseph Pailet, Gabriel Roussel ; celle de Vicq, par Papon de Beaurepaire, Meny, Ayat, Chateau, Picharles, Bourdier.

(2) En juin 1792, un corps de garde fut construit à Ebreuil sous la halle. Antoine Marien Lesbre, menuisier, consentit à fournir les bois nécessaires.

eut lieu de réduire l'effectif et de refondre les cadres. Des nouvelles élections eurent lieu. le 24 messidor an III, pour élire les officiers : *Ebreuil : capitaine*, Etienne Léger Bœuf; *lieutenant*, Charles Juniet; *sous-lieutenants*, Antoine Laurance; *sergents*, Louis Vestizon; Gilbert Juge, Jean Labussière, Léonard Chassain, Gervais Pailet; *caporaux*, Jean Chassain, Louis Labussière, Etienne Bouquerot, Antoine Marcoux, Antoine Labussière, Gilbert Mathieu Rozier, Louis Ray, Pierre Beauduit;

Sussat : capitaine, François Valleton, *lieutenant*, François Glachet; *sous-lieutenant*, Gilbert Ledoux; *sergent-major*, Gilbert Gransaigne; *sergents*, Bonnet Daubaunay, Marien Durand, Louis Beaujard, François Daubannay; *caporaux*, Gilbert Daubannay, Pierre Villeneuve, Jean Carte, Antoine Vivier, Antoine Vivier dit Muron, Jean Bourgougnon, Quintien Brelurut, Gilbert Grand;

Vicq : capitaine, Jean Jacques Papon; *lieutenant*, Gilbert Ponthenier; *sous-lieutenant*, Louis Bonnet Papon; *sergent-major*, Sébastien Ayat; *sergents*, Pierre Bourdier, Antoine Guyot, Joseph Ray, François Chateau; *caporaux*, François Sancelme, Mathieu Ronfet, Jacques Chanat, Sébastien Echégut, Gilbert Beaudoux, François Malapeyre, Jean Molines, Louis Carte.

Le 1ᵉʳ messidor an VII, la municipalité cantonale s'occupa de réorganiser à nouveau la garde nationale sédentaire et la garde mobile. Cette dernière comprenait le sixième de la première.

On dressa la liste des citoyens du canton qui devaient composer la garde sédentaire. Ils étaient au nombre de 1022 : Ebreuil, 404; Chouvigny, 74; Lalizolle, 90; Nades, 96; Saint-Bonnet de Rochefort, 138; Sussat, 73; Vicq, 147. Mais il fut impossible de trouver le nombre exigé de sous-officiers et d'officiers, car la plupart des inscrits étaient des journaliers ou cultivateurs illettrés, qui n'avaient fait aucun service militaire.

L'armée. — Volontaires et recrutement (1). — « La situation du royaume en 1791 avait déterminé l'Assemblée à voter les décrets des 11 et 13 juin, d'après lesquels il devait sans retard être fait une conscription libre de gardes nationales de bonne volonté, dans la proportion de un sur vingt... Le rassemblement de ces contingents n'aurait d'ailleurs lieu qu'au moment exigé par les besoins de l'Etat ».

Le 21 juin 1791, au lendemain de la fuite du roi, l'Assemblée décréta la mise en activité des gardes nationales. Le 22 juin, copie du décret fut adressée par des courriers à tous les districts, avec

---

(1) Lieutenant-colonel Dulac, Les Levées départementales dans l'Allier sous la Révolution (1791-1796), 2 volumes.

un arrêté des corps administratifs recommandant aux citoyens l'exécution des décrets et les engageant à se faire inscrire pour aller où la défense de l'Etat l'exigera. Le 2 juillet, le directoire du département décide, conformément à ce décret, que tout citoyen en état de porter les armes, qui voudra les prendre pour une si importante cause, se fera inscrire immédiatement après la publication du décret dans sa municipalité.

Lecture de cet appel fut donnée à Ebreuil le 14 juillet. Sur le champ, s'inscrivirent dix-sept hommes, qui déclarèrent qu'ils étaient « prêts à prendre les armes et à mourir plutôt qu'à renoncer aux décrets de l'Assemblée » : Odile de Grillon fils, 19 ans ; Pierre de Neuville fils, 24 ans, sellier ; François Bègue fils, 23 ans, perruquier ; Antoine Vestizon fils, 24 ans, tailleur d'habits pour hommes ; Jean Laval fils, 18 ans, tailleur d'habits pour hommes ; Louis Chardonnet, 24 ans ; Charles Génin, veuf sans enfants ; Louis Vivier, 22 ans, journalier, de la commune de Saint-Gal ; Mathieu Tourreau, 20 ans, journalier ; Michel Faure fils, 21 ans, jardinier ; Antoine Ferrandon fils, 20 ans, journalier ; Antoine Chosse fils, 30 ans, journalier ; Gabriel Franc fils, 18 ans, journalier ; Henri Reverdon fils, 26 ans, journalier ; Louis Labbe fils, 22 ans, journalier ; Antoine Brun, 33 ans, menuisier.

Le premier bataillon de l'Allier fut constitué les 2 et 3 octobre avec un effectif de 568 hommes, répartis en neuf compagnies. Il quitta Moulins le 16 novembre, et séjourna du 6 décembre 1791 au 10 mai 1792 à Epernay, du 15 au 22 mai 1792 au camp de Givet, du 22 mai au 4 juin 1792 au camp de Rancennes. A cette date, il prit son rang à l'armée du Nord sous le commandement de La Fayette.

La guerre déclarée à l'Autriche, le 20 avril 1792, débuta par des désastres. Le pays était ouvert à l'invasion. Le décret du 11 juillet 1792 proclama « la patrie en danger ». Il fut lu et publié à Ebreuil le 15 juillet.

Tous les citoyens étaient mis « en état d'activité permanente ». Chaque citoyen devait faire à la municipalité la déclaration de ses armes et de ses munitions, qui étaient mises en réquisition. Il y eut une grande levée de volontaires ; les gardes nationaux se réunirent au chef-lieu de chaque canton pour désigner ceux d'entre eux qui marcheraient, les uns pour former des bataillons de volontaires, les autres pour s'inscrire dans les troupes de ligne. Tout homme dut alors porter la cocarde tricolore.

La France fit face de toutes ses forces à l'invasion, et pendant deux ans elle ne fut plus qu'une immense place assiégée ; les rigueurs de l'état de siège sévirent partout, le code militaire fut seul appliqué.

Un second bataillon de volontaires fut créé dans le département de l'Allier en août 1792. La levée se fit avec des difficultés inouïes.

Le 1er février 1793, la République déclara la guerre à l'Angleterre et à la Hollande. La nécessité détermina alors les fameuses levées en masse qui remplacèrent les anciens modes de recrutement. Le 24 février 1793, la Convention décréta la levée de 300.000 hommes : « Sont en état de réquisition permanente et à la disposition du ministre et des généraux jusqu'au complet épuisement du recrutement les gardes nationaux de 18 à 40 ans, non mariés ou veufs sans enfants ». Le remplacement était autorisé comme pour les volontaires.

Pour hâter cette levée, la Convention envoya 82 commissaires dans les départements. Le département de l'Allier dut fournir 2.957 hommes, dont 667 pour le district de Gannat. Le contingent du canton fut de 83 hommes, ainsi répartis : Ebreuil, 25 ; Chouvigny, 8 ; Lalizolle, 9 ; Nades, 6 ; Saint-Bonnet de Rochefort, 16 ; Sussat, 7 ; Vicq, 13.

Le directoire du district nomma des commissaires pour se rendre dans les communes et surveiller les enrôlements qui eurent lieu le dimanche 10 mars 1793. Il choisit pour cette mission des citoyens « dont le civisme et les lumières peuvent assurer le succès » : Ebreuil, Ballet, juge à Gannat ; Chouvigny, Delarue fils, de Nades ; Lalizolle, Bœuf, d'Ebreuil ; Nades, Nicolas-François Ballet, d'Ebreuil ; Saint-Bonnet de Rochefort, Lucas, juge à Gannat ; Vicq, de Grillon, d'Ebreuil.

A Saint-Bonnet de Rochefort, Lucas reçut les engagements volontaires de Barthélemy Moulins, Jean Grand, Antoine Gagnière, Bastien Fournier, Léonard Clairet, Antoine Combes, Antoine Coutière, Louis Laumet, Claude Soulier, Jean Valet, Pierre Dourdin, Thomas Boyer, Louis Pégant, Louis Perrin, François Giraudet. « Tous les citoyens composant l'assemblée municipale présents, écrit Lucas, pénétrés d'admiration et d'estime pour ces généreux citoyens se se sont empressés de voler dans leurs bras et de leur offrir une rétribution en raison de leur aisance ».

A Vicq, un registre avait été ouvert le 10 mars à la mairie pour recevoir les engagements volontaires. Un seul se présenta, Louis Renaud. Le dimanche suivant, le maire, Papon, et le commissaire du district, de Grillon, convoquèrent tous les citoyens de la commune pour arrêter les noms des jeunes gens qui devaient compléter le contingent. Le sort désigna alors : Gervais Ray, Maurice Charet, Jacques Angioux dit Mille Hommes, Gervais Glachet, Claude Bilombier, Gilbert Coulon, Etienne Vacher, Jean Martin,

Joseph Guillot, Claude Pégue, Joseph Bayot, Antoine Brunet (1).

La réunion fut tumultueuse ; Papon et de Grillon furent injuriés, et durent se réfugier chez le curé, puis à Ebreuil. Onze jeunes gens, auteurs principaux de cette résistance furent dénoncés au tribunal criminel : Jacques Angioux dit Mille hommes, Ray le plus jeune métayer de Boirot de Laruas, Maurice Margeridon. Bourdut, Pajot domestique, Gilbert Piant, Jacques Carte domestique, Jean Péronnet, Merle, domestique de Ray, Moulin, le domestique de Gilbert Ponthenier.

A Nades, il y eut aussi des difficultés, qui entravèrent les opérations du recrutement. A Lalizolle, la municipalité ne put trouver le chiffre de son contingent.

De nouveaux commissaires furent envoyés par le district dans ces trois communes : à Lalizolle, Bœuf, d'Ebreuil ; à Nades, Rozier, administrateur du district ; à Vicq, Ballet, juge du tribunal ; avec des instructions sévères pour réprimer tous faits de refus d'obéissance à la loi.

Le district devait habiller les 667 hommes de son contingent. Le 19 mars, Tessot, marchand drapier à Ebreuil, se chargea de fournir dans la quinzaine et sans autre bénéfice que 4 pour 100, du prix total de ses livraisons : 1° le drap bleu, blanc, et écarlate, nécessaire pour faire 200 habits, 350 vestes, 500 culottes ; 2° 2.000 brosses, 2/3 pour souliers, 1/3 pour habits ; 3° 100 peignes de deux espèces ; 4° 300 sacs de peaux ; 5° 300 chapeaux ; 6° l'étoffe nécessaire pour faire 400 paires de guêtres noires.

Mais le 13 avril suivant, il n'avait encore rien livré et il refusait même de fournir certains articles. Le directoire du district chargea alors son président de se transporter à Ebreuil, chez Tessot, avec un nombre suffisant de gardes nationaux, pour réquisitionner de suite tout ce qu'il s'était engagé de livrer.

Un décret de la Convention, du 3 juin 1793, ordonna de lever une compagnie de canonniers par département. Pour l'Allier, le district de Gannat dut fournir 12 hommes, et la commune d'Ebreuil, 2. Le sort désigna Antoine Juge fils, 23 ans, qui, pour raison de faiblesse, fut remplacé par François Dubreuil, et Gilbert Fayard, fils de Nicolas, meunier aux Bayons.

La loi du 22 juillet 1793 prescrivit la levée de 30.000 hommes de cavalerie. Le contingent du département fut de 300 hommes, dont 60 pour le district de Gannat. Chaque commune du canton en fournit un, sauf Saint-Bonnet de Rochefort, deux (2).

---

(1) Claude Peigue fut remplacé par Ronfet, d'Ebreuil.
(2) Saint-Bonnet de Rochefort, par engagements volontaires du 4 septembre,

Les cavaliers du district partirent de Gannat le 20 septembre sous la conduite de deux commissaires, Antoine Juge et Odile de Grillon, tous les deux d'Ebreuil.

En août 1793, cinq armées envahirent le territoire français pendant que la guerre civile sévissait partout à l'intérieur. La situation semblait désespérée. C'est alors que le décret du 23 août ordonna une nouvelle levée en masse qui jeta quatorze armées aux frontières Ce décret mit la Nation elle-même à la disposition du Comité de Salut public :

Article 1ᵉʳ. « Dès ce moment jusqu'à celui où les ennemis auront été chassés du territoire de la République, tous les Français sont en réquisition permanente. »

Art. 2. « Les jeunes gens iront au combat ; les hommes mariés forgeront les armes et transporteront les subsistances ; les femmes feront des tentes, des habits et serviront dans les hôpitaux : les enfants mettront les vieux linges en charpie ; les vieillards se feront porter sur les places publiques pour enflammer le courage des guerriers, exciter à la haine contre les rois, et recommander l'unité de la République. Les maisons nationales seront converties en casernes, et les places publiques en ateliers d'armes, le sol des caves sera lessivé pour en extraire le salpêtre. »

Art. 3. « Les armes de calibre seront exclusivement confiées à ceux qui marchent à l'ennemi ; le service de l'intérieur se fera avec des fusils de chasse et l'arme blanche. »

Art. 4. « Les chevaux de selle seront requis pour compléter les corps de cavalerie ; les chevaux de trait, autres que ceux employés à l'agriculture, conduiront l'artillerie et les vivres. »

Art. 5. « Le Comité de Salut public est chargé d'établir sans délai une fabrication extraordinaire d'armes qui soit en rapport avec l'énergie du peuple français. »

En conséquence de ce décret, les Français de 18 à 40 ans furent mis en réquisition permanente. Mais les non-mariés et les veufs sans enfants, de 18 à 25 ans, devaient être seuls enrôlés au début, e les autres successivement suivant les besoins de la défense. Ce fut la première réquisition.

Une lettre du district du 12 nivôse an II, invita les jeunes gens de cette première réquisition à se trouver le 16 nivôse à 9 heures du matin à Gannat pour partir le lendemain 17 (1).

La première réquisition fournit 450.000 hommes. D'autres sui-

Jean Vallet, 38 ans, et Antoine Gonnard, 28 ans. — Vicq, par tirage au sort du 5 septembre, Simon Mosnier.

(1) Les soldats de la première réquisition non encore partis furent appelés pour l'armée de l'Ouest. Ceux du canton se réunirent à Gannat le 6 prairial.

virent. En mai 1794, la réquisition permanente avait levé
1 200.000 hommes.

Mais la Convention vint en aide aux parents dans le besoin,
dont les enfants étaient sous les drapeaux ; le 8 pluviôse an II, des
secours furent distribués dans les communes du canton : Ebreuil,
1.937 livres 9 deniers ; Nades, 207 livres 9 sols 9 deniers ; Saint-
Bonnet de Rochefort, 459 livres 6 sols 10 deniers ; Sussat, 519 livres
10 sols 4 deniers ; Vicq, 612 livres 7 sols 9 deniers.

Le système de la réquisition permanente assura toujours le
recrutement sous le Directoire. La loi appela successivement sous
les drapeaux chaque classe à partir de 20 ans. Mais les sacrifices
que ces levées imposaient à la France, acceptés comme un remède
héroïque dans un état violent, dépassaient les forces nationales.

Le 2 fructidor an VI (23 septembre 1798), sur la proposition de
Jourdan, la loi de la conscription fut votée. Elle posait définitivement le principe du service militaire obligatoire et personnel :
« Tout Français est soldat et se doit à la défense de la patrie ». Une
loi du 19 fructidor, régla la nouvelle organisation de l'armée de
terre, et une instruction du ministre de la Guerre, datée du
1er jour complémentaire de l'an VI, adressée aux municipalités, en
fixa les détails.

Les jeunes gens de 20 à 25 ans étaient divisés en cinq classes
destinées à fournir les conscrits nécessaires. On appelait d'abord
la classe de 20 ans, puis successivement les autres, suivant les
besoins. En temps de paix le conscrit devait être libéré au bout de
cinq ans , en temps de guerre il pouvait être gardé indéfiniment.

On appela aussitôt 200.000 hommes sous les drapeaux.

Le 23 vendémiaire an VII, les agents des communes du canton
furent invités à dresser la liste des conscrits de leur commune ;
elle devait comprendre tous ceux qui étaient nés du 22 septembre
1777 au 21 septembre 1778. Ces listes communales furent réunies
le 1er brumaire pour former la liste générale du canton, que la
municipalité fit afficher et publier. Cette liste comprenait les noms
suivants :

Ebreuil : Jouandon Louis, Laval Noël, James Pierre, Colange
Antoine, Imbert François, Claude (enfant naturel), Filiot Antoine,
Duteil Antoine, Pailet Antoine, Labbe Jean, Pégue Jacques, Vacher
Louis, Fondrat Pierre, Sauvestre Jean.

Chouvigny : Vivier Jean, Cante Antoine, Bidet Jean, Dumont
Charles, Giraudet Bonnet.

Lalizolle : Gominet Gilbert, Barthoux René, Suchet Antoine,
Nigon Jean.

Nades : Pacquier Jean, Guyot Gilbert, Barrel Jean.

Saint-Bonnet de Rochefort : Loiseau François, Roussel Antoine, Dedieu Sébastien, Dupré Antoine, Sancelme Mathieu, Martel Gilbert.

Sussat : Daubanais Gervais.

Vicq : Lartaud Antoine, Royet Jacques, Roux Mathieu, Ray Jean, Echégut Simon, Bourgougnon Gilbert, Vacher André, Lescure Mesmin, Daubaunay Sébastien, Tuisat Claude, Sancelme Antoine.

Les conscrits devaient partir le 25 brumaire pour Moulins ; le voyage comprenait deux étapes : Ebreuil à Saint-Pourçain, et Saint-Pourçain à Moulins. Le départ fut retardé de quelques jours pour permettre de mesurer et visiter les jeunes gens appelés.

On convoqua pour le 27 brumaire ceux de Chouvigny, Lalizolle, Nades et Sussat ; pour le 28, ceux d'Ebreuil, Saint-Bonnet de Rochefort, et Vicq. Un jury, composé de cinq pères de famille ayant des enfants soldats, chargé de désigner ceux que des infirmités rendaient incapables de faire campagne, fut nommé par la municipalité : Amable Villiet et Léonard Chassain, d'Ebreuil ; Antoine Cante, de Lalizolle ; Hercule Courtain, de Saint-Bonnet de Rochefort ; Gilbert Ponthenier, de Vicq. Suppléants : Henry Jouandon, Louis Vestizon, Prosper Vestizon. On leur adjoignit Claude Pitat, officier de santé.

Le 27 brumaire, personne ne vint ; le 28 pas davantage. Enfin, après un appel pressant de la municipalité, quatre jeunes gens d'Ebreuil et deux de Saint-Bonnet de Rochefort se présentèrent le 29.

Le 1er frimaire, jour fixé pour le départ, la colonne devait quitter Ebreuil, à 8 heures du matin sous la conduite du citoyen Marouan, ancien grenadier. La veille, le président de la municipalité profita de la fête décadaire pour inviter les conscrits à partir et engager les parents à rappeler à leurs enfants l'obéissance aux lois. A l'heure du départ, trois conscrits seulement se présentèrent : Jouandon, Pailet et Fondrat. On attendit jusqu'à midi ; cinq autres vinrent se joindre à eux : Jean Sauvestre et Claude, d'Ebreuil ; Mathieu Roux, Simon Echégut et Antoine Sancelme, de Vicq.

Dans la suite, les autres durent se soumettre à la loi.

Plusieurs furent envoyés à l'armée d'Italie, l'armée d'Arcole et de Rivoli : le 7 frimaire an VII, Claude, Pailet Antoine, Fondrat Pierre, Roux Mathieu, Echégut Simon ; le 17 frimaire, Jouandon Louis ; le 27 ventôse, Loiseau François, Dupré Antoine ; le 1er germinal, Grand Claude, Vivier Jean ; le 22 prairial, Sancelme Antoine.

Un arrêté de l'administration centrale du département, du 19 pluviôse an VII, ordonna qu'il serait placé garnison chez les parents des réquisitionnaires et conscrits de la première classe dans plusieurs cantons, notamment celui d'Ebreuil, et chez ceux qui auraient des domestiques réquisitionnaires ou conscrits. Chaque maison ayant un militaire devait lui donner 1 franc par jour, la nourriture, le logement, le feu, la lumière et le lit ; et verser 0 fr. 25 par tête de garnisaire pour l'indemnité de l'officier.

Le 29 ventôse an VII, la municipalité fut invitée à fournir la liste des jeunes gens des 2e, 3e et 4e classes de la conscription. Elle s'occupa en même temps de reviser la liste des conscrits de la 1re classe pour savoir si ceux qui n'ont pas répondu existent ou résident dans le canton, afin de pouvoir placer fructueusement garnison chez ceux qui étaient en retard à se rendre à leur poste. Il fut reconnu que plusieurs s'étaient présentés pour prendre leurs feuilles de route et se rendre à Moulins ; il en avait été de même pour des déserteurs et des réquisitionnaires.

Dans le cours de l'an VII, il y eut de nombreux appels aux conscrits, qui, malgré les exhortations et les mesures de rigueur refusèrent à se rendre à leur convocation. Le nombre des déserteurs était alors considérable.

Ce système de recrutement pouvait être accepté par le pays dans un but national, patriotique ; il devait soulever bien des répulsions quand il devint l'auxiliaire d'une ambition personnelle. Peu à peu la conscription devint intolérable pour le pays, et son abolition fut le bienfait que la Restauration annonça plus tard avec le plus d'éclat.

Grâce aux contrôles publiés par M. le lieutenant-colonel Dulac, il est possible de retrouver les noms et les états de services de quelques-uns des volontaires du canton.

Ebreuil. — 1er bataillon de l'Allier :

Bergeon, 4e compagnie, déserteur le 10 septembre 1792, 9 mois de service.

Louis Cante, 8e compagnie, tambour, volontaire de 1792.

Charles Génin, né à Ebreuil, en 1759, 7e compagnie, entré à l'hôpital de Conardin le 5 octobre 1792, et décédé le 30 octobre suivant.

Pailloux, né à Ebreuil, en 1773, 5e compagnie, déserteur le 16 octobre 1792, 12 mois de service.

2e bataillon de l'Allier :

Michel Faure, né à Ebreuil, en 1770, 5e compagnie, volontaire de 1792.

Antoine Ferandon, né à Ebreuil, en 1770, 8e compagnie, volontaire de 1792.

François Lefranc, né à Ebreuil, en 1735, 8ᵉ compagnie, caporal 17 septembre 1792.

Jean Nouvellet, né à Ebreuil, le 13 septembre 1773, fils de François et de Madeleine Hinte, enrôlé le 17 septembre 1792, caporal 26 mars 1797, tué 26 mars 1799.

Sevin, né à Ebreuil, en 1776, mort aux armées le 1ᵉʳ mai 1794.

Louis Vestizon, né à Ebreuil, rayé le 19 juillet 1800.

Compagnie des canonniers de l'Allier :

Gilbert Fayard, déserteur le 14 mars 1798.

François Dubreuil, né à Ebreuil en 1764.

Nades. — **38ᵉ demi-brigade :**

Antoine Robert, né à Nades, mort à Montbéliard des suites de ses blessures, le 17 mai 1800.

Sussat. — **1ᵉʳ bataillon de l'Allier :**

Antoine Saulnier, né à Sussat, en 1772, 6ᵉ compagnie, volontaire de 1791.

110ᵉ demi-brigade

Pierre Cellier, né à Sussat, mort à Lausanne des suites de ses blessures, le 1ᵉʳ août 1799.

Vicq. — **1ᵉʳ bataillon de l'Allier :**

Louis-Amable Papon de Rioux, né le 17 octobre 1762, à Vicq, fils de Pierre Papon, sieur de Rioux et de Beaurepaire, conseiller du roy, notaire royal à Vicq, châtelain de Nades, élu en élection de Gannat, et de Louise Bertrand de Fontviolent. L'aîné de ses frères, Jean-Jacques-Pierre Papon de Beaurepaire, fut officier ; le second, Jacques Papon des Varennes, fut officier, retraité.

Lieutenant à la 7ᵉ compagnie le 7 octobre 1791, passé dans les troupes de ligne, le 14 juin 1792.

Antoine Ponthenier, né à Vicq, en 1772, mort aux armées le 9 octobre 1792. Son père ne recevant pas de nouvelles de lu écrivit à la municipalité de Verdun :

« A Vicq, le 1ᵉʳ février 1793, l'an II de la République française.

« Aux officiers municipaux de la ville de Verdun, à Verdun ;

« Pressé par l'amour paternel et l'intérêt de ma famille, je prends la liberté de vous écrire pour vous supplier d'avoir la bonté de me donner des nouvelles de mon fils nommé Antoine Ponthenier, volontaire dans le 1ᵉʳ bataillon de l'Allier, qui s'est trouvé dans votre ville lors de sa prise par les Prussiens. Depuis cette époque, il m'a été de toute impossibilité d'en avoir des nouvelles, j'ai seulement appris que, lorsque ses camarades avaient quitté votre ville, ils l'avaient laissé chez un nommé Delayant, près la cathédrale, et qu'il était dangereusement malade.

« Citoyens, je vous supplie pour l'amour sacré de la patrie de vouloir bien vous informer de l'état de mon fils et de me faire passer son extrait mortuaire s'il est mort. Vous obligerez infiniment celui qui a l'honneur de se dire avec fraternité, citoyens, votre très affectionné concitoyen.

Signé : Ponthenier.

« Mon adresse est : Au citoyen Ponthenier, demeurant à Vicq, département d'Allier, par Gannat, à Vicq. »

En marge de la lettre, le secrétaire de l'administration municipale de Verdun mentionna le résultat de l'enquête : « Le citoyen dont on s'informe est mort à l'hôpital. Demain, on enverra son extrait mortuaire ».

La municipalité de Verdun en avisa le père par la lettre suivante :

« Verdun, le 17 février 1793, l'an II de la République française.

« Citoyen,
« Le fils sur le sort duquel vous nous témoignez vos sollicitudes paternelles a payé son tribut à la nature dès le 9 novembre dernier. Nous aurions désiré vous épargner cette fâcheuse nouvelle, mais en vous l'apprenant, nous nous conformons à vos intentions. Vous nous demandez qu'en cas de mort, nous vous envoyons l'acte qui le constate. Vous le recevrez ci-joint en bonne forme.

« Les officiers municipaux et membres du Conseil général de la commune de Verdun, séance permanente tenant.

« Au citoyen Ponthenier, demeurant à Vicq, département de l'Allier, par Gannat, à Vicq » (1).

2ᵉ bataillon de l'Allier :

Jean Dujon, né à Vicq en 1770, congédié avec pension le 23 octobre 1812;

Charles Josselin, né à Vicq en 1771, 4ᵉ compagnie volontaire de 1792;

5ᵉ bataillon de la Charente-Inférieure :

Jean Gidel, né à Vicq, mort à Niort le 5 janvier 1795;

---

(1) Lieutenant-colonel Dulac, Les levées départementales dans l'Allier, tome II, pages 31 et 32.

60e demi-brigade :

Annet Royet, né à Vicq, mort à Leyde des suites de ses blessures le 21 septembre 1799.

Réquisitions militaires. — « La réquisition fut à l'ordre du jour dit Mignet ; on recruta les armées avec des réquisitions d'hommes ; on les nourrit avec des réquisitions de vivres. » Il fallait, en effet, armer, vêtir, nourrir ces troupes que l'on avait levées et jetées aux frontières.

Pour les armes, on établit en différents points du territoire des forges et des fonderies. Les cloches arrachées des églises y furent envoyées pour être transformées en canons.

Le savant Berthollet découvrit qu'on pouvait obtenir du salpêtre en lavant les vieux murs. Ce fut un enthousiasme dans toute la France. Partout on se mit à en extraire.

Le 19 germinal an II, la municipalité d'Ebreuil décida la création d'un atelier de salpêtre, destiné à « fournir la poudre qui doit exterminer les ennemis de la patrie », et, le 24 germinal, elle lui consacra une somme de 1.800 livres. Un décret du 10 floréal étendit cette mesure à toutes les communes ; il mit en réquisition tous les bois de bourdaine de 3 à 9 ans, et il ordonna qu'au chef-lieu de chaque canton on écorce le bois et on le réduise en charbon.

Le 11 brumaire an III, tous les chanvres furent réquisitionnés pour la marine.

Pour l'habillement, on fit appel à tous les artisans, tailleurs, cordonniers, ouvriers de toute sorte.

Les réquisitions fonctionnaient sans relâche :

10 février 1793, réquisition de dix paires de souliers par commune. Comme il n'y avait de cordonniers que dans six communes du district ; le contingent total (720 paires) fut répart entre ces six communes. Ebreuil dut fournir 30 paires ;

5 octobre 1793, réquisition des étoffes, toiles, « et autres marchandises qui existent chez tous les marchands et fournisseurs » ;

4 nivôse an II, réquisition de tous les souliers sur toute l'étendue de la République ;

12 pluviôse an II, réquisition des étoffes, marchandises, etc. pouvant servir à l'habillement des troupes ;

12 pluviôse an II, réquisition des selles, brides, bridons, etc., sangles, couvertures, bottes, éperons, etc., de tout ce qui est nécessaire à des cavaliers ;

24 brumaire an III, réquisition chez les cordonniers. Il n'y en

avait qu'un seul dans le canton, à Ebreuil. A cette date, il n'y avait chez lui aucun soulier, mais du cuir pour en faire 14 à 15 paires. Il s'engagea à en porter 7 ou 8 paires au district dans les dix jours.

Les cultivateurs eurent à supporter les plus lourdes réquisitions, celles des subsistances, qui se succédèrent également sans interruption. On ne pouvait alors songer à recourir aux transactions commerciales, qui étaient trop entravées.

10 brumaire an II, réquisition sur le district de 32 bœufs et 20 vaches, pour l'approvisionnement de l'armée des Alpes : Ebreuil, 1 vache; Chouvigny, 2 bœufs et 1 vache; Lalizolle; 2 bœufs et 1 vache; Nades, 2 bœufs; Saint-Bonnet de Rochefort, 1 vache; Sussat, 1 vache; Vicq, 2 vaches,

3 nivôse an II, réquisition de chevaux. Ebreuil, 5 chevaux;

12 nivôse an II, réquisition sur le département de l'Allier de 1000 bêtes à cornes (778 bœufs et 222 vaches), destinés à l'armée des Alpes. Le contingent du district fut de 96 bœufs et 50 vaches : Ebreuil, 1 bœuf; Chouvigny, 1 bœuf et 1 vache; Lalizolle, 1 bœuf et 1 vache, Nades, 1 bœuf; Sussat, 1 bœuf et 1 vache; Vicq, 1 bœuf et 1 vache;

28 ventôse an II, réquisition de toutes les toiles à sacs et des fils propres à la confection de ces sacs;

22 germinal an II, réquisition de « tous les cochons tant mâles que femelles, âgés de plus de trois mois »;

22 floréal an II, réquisition sur le district de 2.000 boisseaux d'avoine pour les armées : Ebreuil, 300 boisseaux; Lalizolle, 200; messidor an II, le canton dut fournir un chariot attelé de quatre chevaux. Un nommé Jean Meunier fut choisi comme charretier pour le conduire. Celui-ci « ayant appris l'honneur que lui faisait le canton », prit la fuite, et les recherches pour le retrouver restèrent vaines. Le 13 messidor, la municipalité déclara Meunier « mauvais citoyen » et décida « de le priver de l'honneur de servir la République ». On nomma à sa place un autre charretier « patriote et sans-culotte »;

18 thermidor an II, réquisition sur le district de 4.000 quintaux de blé, 2/3 froment, pour l'armée de l'intérieur : Ebreuil, 100 quintaux: Saint-Bonnet de Rochefort, 100 q.: Sussat, 60 q.; Vicq, 100 q.;

18 thermidor an II, réquisition sur le district de 10.000 q. de foin, 18.000 d'avoine, 10.000 de paille, pour l'armée de l'intérieur. Le canton n'eut à fournir que de l'avoine : Chouvigny, 150 q.; Lalizolle, 150 q.; Nades, 150 q.; Saint-Bonnet de Rochefort, 50 q.: Sussat, 100 q.;

14 vendémiaire an III, réquisition sur la commune d'Ebreuil de
15 setiers de blé ;

19 brumaire an III, réquisition de 4.800 bœufs et d'un bouvier
pour 4 bœufs, sur les départements de l'Yonne, de la Côte-d'Or,
de la Nièvre, de Saône-et-Loire, de l'Allier, du Puy-de-Dôme, de
la Creuse et de l'Indre. Le district dut fournir 50 paires de bœufs et
40 bouviers. Le contingent du canton dans la répartition fut de
8 paires de bœufs et 5 hommes : Ebreuil, 1 paire et 1 bouvier ;
Chouvigny et Nades, 1 paire et 1 bouvier ; Lalizolle, 1 paire et
1 bouvier ; Saint-Bonnet de Rochefort, 2 paires et 1 bouvier ; Sussat, 1 paire ; Vicq, 2 paires et un bouvier ;

6 floréal an III, réquisition de tous les grains, farines, et légumes
secs. A Ebreuil, la municipalité chargea des commissaires de
faire le recensement. Ceux-ci déclarèrent n'avoir trouvé chez les
particuliers que le strict nécessaire pour leur consommation, et
qu'on ne pouvait rien envoyer. Le 19 floréal, la municipalité invite
néanmoins tous les habitants à porter à Gannat le dixième de ce
qu'ils avaient chez eux ;

1er frimaire an IV, réquisition sur le canton de 600 quintaux de
foin et 100 quintaux de paille :

	foin	paille
Ebreuil	120 q. foin	145 q. paille ;
Chouvigny	60 —	60 —
Lalizolle	140 —	100 —
Nades	50 —	50 —
Saint-Bonnet de Rochefort	100 —	300 —
Sussat	50 —	100 —
Vicq	80 —	245 —

3 germinal an IV, réquisition de trois chevaux dans le canton (1).

III

Biens communaux. — Contributions. — Dépenses communales.

Biens communaux. — Le 20 ventôse an II, tous les habitants de
la commune d'Ebreuil furent convoqués pour arrêter le parti à
prendre au sujet du partage des communaux.

Il n'existe aucune trace de ce partage, et il est impossible de
savoir comment il a été effectué, ni la quantité de biens qui y a été

(1) Il y avait à cette date 105 chevaux dans le canton : Ebreuil, 32 ; Chouvigny, 7 ; Lalizolle, 12 ; Nades, 14 ; Saint-Bonnet de Rochefort, 17 ; Sussat, 5 ;
Vicq, 18.

soumise. Depuis la Révolution la commune n'a joui que de quelques communaux sans valeur et de minime étendue. Nous ignorons totalement ce qu'elle pouvait posséder avant 1793.

A Vicq, le partage fut décidé le 24 vendémiaire an III et effectué le 30 frimaire suivant en 216 lots.

Pour les autres communes nous n'avons aucun document relatif au partage de leurs biens communaux. Quelques-unes en possèdent encore d'assez importants.

Contributions. — Le système fiscal de l'ancien régime, qui avait soulevé contre lui tant de haines et de colères, fut remplacé par un système plus équitable. Mais dans les circonstances au milieu desquelles se produisit cette transformation, les opérations nombreuses et délicates que nécessitait ce nouveau système ne pouvaient pas se faire dans de bonnes conditions.

En outre, l'Assemblée constituante eut le tort de confier ces opérations aux officiers municipaux qui n'avaient ni la compétence ni l'indépendance nécessaires pour les mener à bien. Aussi pendant toute la période révolutionnaire, le désordre le plus complet régna dans les finances publiques et aboutit à la banqueroute du Directoire.

En 1789, il fallait de l'argent au Trésor ; les divers ministres qui s'étaient succédés depuis quelques années n'avaient pu malgré les expédients les plus variés ramener la prospérité, et Louis XVI avait été réduit à convoquer les Etats-Généraux.

L'Assemblée nationale eut recours aux dons et contributions patriotiques.

Le total des dons patriotiques ne fut très élevé nulle part. La contribution patriotique fut fixée au quart des revenus au delà de 400 livres ; au début les déclarations étaient laissées à la conscience de chacune ; puis les municipalités furent chargées de taxer elles-mêmes. Mais elles s'acquittèrent mollement de cette tâche.

A dater du 1er janvier 1791, furent établies deux contributions, la contribution foncière et la contribution mobilière, à répartir l'une sur les biens, l'autre sur les personnes. En outre, le nouveau système fiscal comprenait les patentes, les droits d'enregistrement et les douanes.

La répartition ne se fit pas sans difficulté.

1791. — Un décret de l'Assemblée constituante, en date du 27 mai 1791, procéda à la répartition de 300 millions de livres pour le principal des contributions foncière et mobilière de l'année 1791 : contribution foncière 240 millions, contribution mobilière 60 millions Le contingent pour le département de l'Allier fut de 2.416.500 livres, contribution foncière 1.978.800 livres, contribution mobilière 437.700 livres, et pour le canton, de 56.791 livres 11 sols 4 deniers, contribution foncière 45.087 livres 17 s. 2 d., contribution mobilière 11.703 livres 14 s. 2 d. (1).

Pour la perception des contributions on conserva le système des collecteurs ; c'était un citoyen qui en était chargé dans chaque commune. A Ebreuil, Charles Pannetier fut désigné, mais il déclara ne pouvoir ni ne vouloir accepter cette mission « dans la crainte d'être suspect ». Sur le champ, on le remplaça par Jean Roussel.

Le décret du 26 septembre 1791 décida que la perception serait mise à l'adjudication, suivant la taxe de 3 deniers par livre pour la contribution foncière et des patentes et de 6 deniers pour la contribution foncière.

La répartition, faute de bases pour la faire, était défectueuse et les recouvrements de chaque exercice ne pouvaient s'opérer que pendant les années ultérieures et avec des peines infinies.

Pour appliquer l'impôt foncier, il fallait évaluer le revenu net des différentes propriétés des communes, section par section. Ce travail fut fait à Ebreuil en mai 1792. On divisa les terres en quatre classes, les vignes et les prés en deux classes. C'était un avant-projet du cadastre :

	1re classe	2e classe	3e classe	4e classe
Terres (2)	16 livres la séterée	12 livres	8 livres	4 livres
Vignes	3 livres l'œuvre	40 sols		
Prés	24 livres la séterée	16 livres		

1792. — Le chiffre des contributions en 1792 fut le même qu'en 1791 (Décret du 29 décembre 1791.) Mais au principal s'ajoutèrent des sols additionnels pour le département et le district. Le contingent des communes du canton ne différa guère.

L'adjudication de la perception des contributions de l'année 1792 pour la commune d'Ebreuil eut lieu le 8 février 1792. Jean Roussel en fut chargé moyennant une rétribution de 170 livres.

1793. — Le contingent du canton, sols additionnels pour le

(1)	Contribution foncière :	Contribution mobilière :
Ebreuil :	15027 livres 6 sols 8 deniers	4981 livres 12 sols
Chouvigny :	3838 livres 14 sols 9 deniers	623 livres 12 sols
Lalizolle :	3707 livres 18 sols 2 deniers	1009 livres 15 sols 8 deniers
Nades :	3189 livres 10 sols 4 deniers	549 livres 9 deniers
Saint-Bonnet de Rochefort :	8599 livres 10 sols 3 deniers	2093 livres 10 sols 6 deniers
Sussat :	3446 livres 10 sols 6 deniers	715 livres
Vicq :	7278 livres 6 sols 6 deniers	1733 livres 3 sols 3 deniers

(2) La séterée, mesure d'Ebreuil, valait 1.200 toises carrées, 45 ares 60 ; l'œuvre, 150 toises carrées, 5 ares 70.

département et le district compris, fut pour la contribution foncière
de 48.628 livres 19 sols, et pour la contribution mobilière de
4.745 livres 7 sols (1).

L'argent étant devenu rare, les contribuables furent autorisés à
payer en nature moitié de leurs impositions.

En frimaire an IV, les communes de Lalizolle, Nades, Sussat et
Vicq, qui devaient faire conduire leurs contributions en nature à
Chantelle, demandèrent la création d'un grenier à Ebreuil ou l'autorisation d'aller à celui de Gannat.

Le 10 thermidor suivant, la municipalité cantonale représenta
qu'il était urgent de créer un magasin à Ebreuil. Dans l'hôpital,
il y avait des greniers solides et bien aérés ; s'ils ne suffisaient pas,
on en trouverait de fort vastes à louer à bon compte ; à eux tous
ils pourraient contenir la contribution de deux ou trois cantons.
Ebreuil ayant un marché très important, l'Etat pourrait vendre
facilement les grains et avec avantage.

Cette demande reçut satisfaction le 5 vendémiaire an V.

Dépenses communales. — Au 1ᵉʳ thermidor an II, la situation
financière de la commune d'Ebreuil était la suivante :

Actif : Une maison comprenant deux boutiques,
une chambre au-dessus et un grenier, louée. . .   40 livres

L'ancienne église paroissiale, à cette époque déjà
transformée en halle au blé ;

Ferme du bac sur la Sioule. . . . . . .   600 —

Dépenses pour l'année 1794 :

Loyer du local des séances . . . .   200 —

Traitement du secrétaire-greffier . . . . . .   300 —

Papier, bois, lumière . . . .   200 —

Traitement du receveur de la communauté pour
la perception de la contribution foncière . . . .   200 —

Traitement du même pour la perception des
deniers additionnels et de la contribution mobilière.   60 —

Tambour de ville . . . .   150 —

Deux gardes champêtres . . . .   300 —

Total . . . . .   2.050 —

(1)	Contribution foncière :	Contribution mobilière :
Ebreuil :	11447 livres 4 sols 8 deniers	2069 livres 13 sols 5 deniers
Chouvigny :	3628 livres 7 sols 1 denier	286 livres 12 sols 8 deniers
Lalizolle :	5211 livres 11 sols 8 deniers	309 livres 17 sols 9 deniers
Nades :	1879 livres 11 sols 7 deniers	294 livres 10 sols 2 deniers
Saint-Bonnet de Rochefort :	10917 livres 3 sols 5 deniers	792 livres 16 sols 8 deniers
Susat :	9009 livres 10 sols 8 deniers	249 livres 2 sols 2 deniers
Vicq :	12535 livres 9 sols 11 deniers	743 livres 3 sols 2 deniers

En 1795, le budget des dépenses augmenta dans de fortes proportions par suite de l'inscription d'un crédit pour les écoles :

Loyer du local des séances.	200 livres
Traitement du secrétaire-greffier	400 —
Fournitures, chauffage, etc.	400 —
Traitement des maîtres et maîtresses d'écoles. .	2.200 —
Traitement du receveur des contributions . . .	290 —
Gardes champêtres.	300 —
Total	3.790 —

Les recettes étaient maigres et la situation financière de la commune ne nous apparaît pas brillante.

Le 24 brumaire an IV, pour subvenir aux réparations urgentes du marché au blé, qui avait besoin d'être recouvert, la municipalité décida d'affermer le droit de quarte, qui fut fixé à 20 sols par setier. La halle aux marchands n'appartenait pas à la ville mais à l'hôpital. Elle avait aussi besoin de réparations, on décida de la joindre dans l'adjudication, et de percevoir, pour les payer, 5 livres par place pour chaque marchand les jours de marchés et 10 livres les jours de foires.

Le 30 vendémiaire an V, pour faire face à d'autres réparations urgentes à la halle au blé, on décida d'affermer le prêt des mesures et quartes qui servaient à mesurer les grains. L'adjudicataire fut, pour l'an V, Antoine Péronnet, moyennant 330 livres (valeur métallique); pour l'an VI, Meurdefroy ; pour l'an VII, Dubreuil et Luc Sirot moyennant 550 livres ; et pour l'an VIII, Jean Soulier et Antoine Péronnet, moyennant 330 livres.

Dans l'état des dépenses de l'an III la valeur est indiquée en assignats :

Loyer du lieu des séances et de la formation des bureaux.	10.000 livres
Traitement du secrétaire	98.000 —
Traitement du secrétaire adjoint	72.000 —
Frais de bureau.	30.000 —
Frais particuliers	15.000 —
Frais pour les percepteurs des contributions. .	80.000 —
Confection des matrices des rôles.	25.000 —
Gardes champêtres	40.000 —
Chemins vicinaux et dépenses imprévues . . .	100.000 —
Total	470.000 —

Celles de l'an IV sont de nouveau exprimées en valeur normale. Elles atteignent 2.704 livres 17 sols 17 deniers.

La loi du 6 frimaire an VII enleva à la commune d'Ebreuil la propriété du bac sur la Sioule, qui était sa principale ressource.

A Vicq, le budget communal pour 1792 comprenait deux articles de dépenses :

Appointements du secrétaire-greffier	60 livres
Charges particulières de la municipalité . . .	30 —
Total	90 —

En l'an III, il était déjà beaucoup plus élevé :

Loyer pour la chambre des séances	50 livres
Chandelle.	30 —
Bois.	40 —
Papier, encre, plumes, cire.	80 —
Secrétaire-greffier.	80 —
Percepteur	150 —
Total	430 —

IV

Instruction publique.

La Révolution ne pouvait manquer de comprendre l'instruction dans ses plans de rénovation universelle. L'Assemblée constituante chargea Mirabeau, puis, à sa mort, Talleyrand, d'en jeter les bases qui furent inscrites dans la Constitution des 3-14 septembre 1791 : « Il sera créé et organisé une instruction publique, commune à tous les citoyens, gratuite à l'égard des parties de l'enseignement indispensables pour tous les hommes, et dont les établissements seront distribués graduellement, dans un rapport combiné avec la division du royaume ». Ce texte formulait déjà le principe de la gratuité de l'enseignement primaire ; mais ce n'était pas chose facile de l'appliquer dans la période troublée que l'on traversait alors.

La Législative continua l'œuvre de la Constituante. En avril 1792, elle désigna Condorcet pour succéder à Talleyrand.

En attendant un plan général, la Convention prit des mesures partielles pour approprier les organes anciens aux besoins nouveaux. Un décret du 12 décembre 1792 décida que « les écoles primaires formeront le premier degré d'instruction. On y enseignera les connaissances rigoureusement nécessaires à tous les citoyens. Les personnes chargées de l'enseignement dans ces écoles s'appelleront instituteurs ».

Puis le décret des 30 mai-8 juin 1793 ajouta : « Il y aura une école primaire dans tous les lieux qui ont depuis 400 jusqu'à 1.500 individus. Cette école pourra servir pour toutes les habitations moins peuplées qui ne seront pas éloignées de plus de 1.000 toises. Il y aura dans chacune de ces écoles un instituteur chargé d'enseigner aux élèves les connaissances élémentaires nécessaires aux citoyens pour exercer leurs droits, remplir leurs devoirs et administrer leurs affaires domestiques ». « Les instituteurs seront chargés de faire aux citoyens de tout âge, de l'un et de l'autre sexe, des lectures et des instructions une fois par semaine. » (Art. 4.)

La Constitution du 24 juin 1794 n'oublia pas l'enseignement primaire : « L'instruction est le besoin de tous. La Société doit favoriser de tout son pouvoir les progrès de la raison publique et mettre l'instruction à la portée de tous les citoyens ». (Art. 2.)

Ces textes montrent l'esprit qui a guidé les mesures prises par la Révolution pour organiser l'instruction publique.

Puis le décret du 30 vendémiaire an II (21 octobre 1793) institua des « premières écoles, distribuées dans toute la République à raison de la population ». (Art. 1.)

« Les enfants reçoivent dans ces écoles la première éducation physique, morale et intellectuelle, la plus propre à développer en eux les mœurs républicaines, l'amour de la patrie et le goût du travail. » (Art. 2.) « Ils apprennent à parler, lire, écrire la langue française. On leur fait connaître les traits de vertu qui honorent le plus les hommes libres, et plus particulièrement les traits de la Révolution française les plus propres à élever l'âme et à les rendre dignes de la liberté et de l'égalité. Ils acquièrent quelques notions géographiques de la France. La connaissance des droits et des devoirs de l'homme et du citoyen est mise à leur portée par des exemples et par leur propre expérience. On leur donne les premières notions des objets naturels qui les environnent, et de l'action naturelle des éléments. Ils s'exercent à l'usage des nombres, du compte, du niveau, des poids et mesures, du levier, de la poulie et de la mesure du temps. On les rend souvent témoins des travaux champêtres et des ateliers ; ils y prennent part autant que leur âge leur permet. » (Art. 3.)

« Il y a une première école par commune dont la population est de 400 à 1.500 habitants des deux sexes et de tout âge. » (Art. 4.) « Sur la demande des habitants et l'avis des corps administratifs, il peut être établi une première école dans les lieux qui n'ont pas la population exigée par l'article précédent, pourvu que la population se trouve dans l'arrondissement de 1.000 toises de rayon, et que dans cet arrondissement il n'y ait pas d'autres écoles. »

(Art. 5.) « Pour déterminer le nombre et la distribution des premières écoles dans les communes plus peuplées, on suit une progression indiquée par un tableau annexé à la loi. » (Art. 6.)

Ce décret du 30 vendémiaire an II fut complété par celui du 29 frimaire an II, qui posa pour principe que « l'enseignement est libre et sera fait publiquement ». « Les citoyens et citoyennes qui voudront user de la liberté d'enseigner seront tenus : 1° de déclarer à la municipalité ou section de la commune qu'ils sont dans l'intention d'ouvrir une école; 2° de désigner l'espèce de science ou art qu'ils se proposent d'enseigner ; 3° de produire un certificat de civisme et de bonnes mœurs. » « Les citoyens et citoyennes qui se vouent à l'instruction ou à l'enseignement de quelque art ou science que ce soit, seront désignés sous le nom d'instituteurs ou d'institutrices. » « Les instituteurs ou institutrices sont sous la surveillance de tous les citoyens. »

L'article 4 prévoyait la rétribution : « Les instituteurs et institutrices qui ouvriront des écoles dans les communes de la République, quelque soit leur population, recevront annuellement pour chaque enfant ou élève, savoir : l'instituteur 20 livres, l'institutrice 15 livres ». L'article 10 ajoutait : « Les instituteurs et institutrices ne pourront, sous aucun prétexte, prendre aucun de leurs élèves en pension, donner aucune leçon particulière, ni recevoir des citoyens aucune espèce de gratification ».

Ce même décret déclara l'enseignement obligatoire. Les parents étaient tenus d'envoyer les enfants à l'école ; ils devaient déclarer à la mairie l'école qu'ils avaient choisie. L'enfant pouvait être envoyé à l'école à partir de 8 ans, et devait la fréquenter assidûment pendant trois ans.

En 1791, il y avait à Ebreuil un maître d'école qui s'appelait Mathieu Trellet. En existait-il un avant 1789, c'est probable, mais on n'en trouve trace nulle part. Le 24 février 1792, il prêta le serment exigé par la loi du 17 avril 1791 « de ne rien enseigner de contraire à la Constitution ».

Le 2 germinal an II, Trellet ayant quitté Ebreuil pour aller ouvrir une école à Vicq, le Conseil général de la commune, « considérant que l'éducation publique est absolument nécessaire pour que la jeunesse républicaine apprenne à connaître ses droits et sache conserver la liberté que ses pères lui ont acquise au prix de leur sang ; considérant en outre que l'ignorance est le plus grand fléau qui puisse affliger un peuple libre, parce qu'elle conduit nécessairement les citoyens sous le joug le plus affreux du despotisme », décida de nommer un autre instituteur et son choix se porta sur le citoyen Stenger. ancien professeur au collège national militaire d'Effiat, qui n'accepta pas.

C'est Jacques Fourgerel qui vint s'installer à Ebreuil. Il avait précédemment habité Gannat, puis Châteauneuf. Le 26 germinal an II, il fit sa déclaration d'ouverture d'école pour enseigner « les sciences de la langue latine, la lecture, l'écriture, l'arithmétique ».

Le 24 germinal an II, la municipalité de Saint-Bonnet de Rochefort choisit comme instituteur Charles Ledoux, ancien secrétaire de la municipalité d'Ebreuil. Elle lui donna un logement dans la maison curiale, dont une pièce servait de maison commune.

A Nades, le 23 thermidor an II, le choix de la municipalité se porta sur Deneuville, notaire public à Ebreuil, « homme instruit et connu de tous les citoyens de cette commune pour la plupart avoir pris de ses conseils en affaires ».

La loi du 27 brumaire an III, rédigée par Lakanal, institua une école primaire pour 1.000 habitants. Les instituteurs et institutrices devaient être nommés par le peuple; mais pendant la durée du gouvernement révolutionnaire, un jury d'instruction composé de trois pères de famille, désignés par l'administration du district, était chargé de les examiner, de les choisir, et de les surveiller.

Les élèves des écoles primaires devaient visiter, plusieurs fois l'année, avec leurs instituteurs et sous la conduite d'un magistrat du peuple, les hôpitaux les plus voisins, les mêmes jours aider, dans leurs travaux domestiques et champêtres, les vieillards et les parents des défenseurs de la patrie; ils devaient être conduits quelquefois dans les manufactures et les ateliers, où l'on prépare des marchandises d'une consommation commune, afin de leur donner quelque idée des avantages de l'industrie humaine et d'éveiller en eux le goût des arts utiles ; enfin, une partie de leur temps devait être employée à des ouvrages manuels, utiles et commodes.

Le jury d'instruction fonctionnait à Gannat pour tout le district.

Le 29 brumaire an III, le Conseil général de la commune d'Ebreuil choisit pour instituteur Jacques Fourgerel, et pour institutrice, Anne Cardin, femme de Gilbert Chardonnet, qui exerçaient déjà l'un et l'autre ces fonctions.

A Vicq, Mathieu Trellet fut également maintenu par la municipalité le 10 nivôse an III. Il était logé dans la maison curiale.

La Constitution du 5 fructidor an III confirma les principes antérieurs.

« Il y a dans la République des écoles primaires, où les élèves apprennent à lire, à écrire, les éléments du calcul et ceux de la morale. La République pourvoit aux frais du logement des instituteurs préposés à ces écoles. » (Art. 296) : « Les citoyens ont le droit de former des établissements particuliers d'éducation et d'instruction, ainsi que des sociétés libres, pour concourir aux progrès des sciences, des lettres et des arts. » (Art. 300.)

La loi du 3 brumaire an IV, rédigée par Daunou, modifia la précédente en rétablissant l'obligation et en abolissant la gratuité et le traitement. Voici le titre concernant les écoles primaires :

Art. 1. « Il est établi dans chaque canton de la République une ou plusieurs écoles primaires, dont les arrondissements seront déterminés par les administrateurs du département. » — Art. 2. « Il sera établi dans chaque département plusieurs jurys d'instruction : le nombre de ces jurys sera de six au plus et chacun sera composé de trois membres nommés par l'administration départementale. » — Art. 3. « Les instituteurs primaires seront examinés par l'un des jurys d'instruction ; et, sur la présentation des administrations municipales, ils seront nommés par les administrations de département. » — Art. 5. « Dans chaque école primaire, on enseignera à lire, à écrire, à calculer, et les éléments de la morale républicaine. » — Art. 6. « Il sera fourni par la République à chaque instituteur primaire un local, tant pour lui servir de logement que pour recevoir les élèves pendant la durée des leçons. Il sera également fourni à chaque instituteurs le jardin qui se trouverait attenant à ce local. Lorsque les administrations de département le jugeront plus convenable, il sera alloué à l'instituteur une somme annuelle pour tenir lieu du logement et du jardin susdits. » — Art. 8. « Les instituteurs primaires recevront de chacun de leurs élèves une rétribution annuelle, qui sera fixée par l'administration de département. » — Art. 9. « L'administration municipale pourra exempter de cette rétribution un quart des élèves de chaque école primaire, pour cause d'indigence. »

Le 9 nivôse an IV (janvier 1796), Jean-Baptiste Michaud, instituteur public à Artonne depuis 20 ans, et Anne Treilhas son épouse, également institutrice, demandèrent à la municipalité d'Ebreuil de les choisir et de les présenter en même temps au département, pour, après examen du jury, être nommés instituteur et institutrice à Ebreuil (1).

Ils ne quittaient Artonne que parce qu'il n'y avait pas assez d'élèves pour les faire vivre.

L'administration municipale, « considérant qu'il est utile de se

(1) Jean Baptiste Michaud avait été membre ecclésiastique du chapitre d'Artonne, où il devait être en même temps instituteur. Au cours de la Révolution (1790-1796) il aurait renoncé à l'état ecclésiastique et se serait marié.

procurer pour son canton un instituteur et une institutrice, savants et zélés, puisque de ces qualités résulte l'éducation de la jeunesse ; considérant que son président a eu des renseignements sur la capacité et la bonne conduite desdits Michaud et sa femme, et que l'un et l'autre réunissent les qualités nécessaires pour remplir ces fonctions », décida de les présenter au département.

Il y avait d'autant plus lieu de le faire « qu'il n'y a point d'instituteurs dans l'étendue de ce canton et que la jeunesse perd son temps faute d'instruction ».

Le 19 nivôse suivant, Marie Françoise Emart femme Molinary vient à son tour déclarer à la municipalité qu'elle résidait depuis peu à Ebreuil, que son intention était d'enseigner la jeunesse de son sexe sous l'agrément de l'administration et solliciter d'être choisie comme institutrice.

Puis, le 22 nivôse, Anne Cardin femme Chardonnet se présenta également ; elle exposa que reçue par le jury d'instruction, elle avait été nommée institutrice à Ebreuil, où elle avait exercé ces fonctions jusqu'à la loi du 3 brumaire ; elle demandait à être maintenue.

Il y avait ainsi trois candidates. La municipalité leur répondit « qu'il ne dépendait pas d'elle de recevoir les instituteurs et les institutrices », et elle les renvoya toutes les trois devant le jury.

Il semble que c'est la femme de Michaud qui fut choisie dans la suite.

La commune de Sussat sollicita une école primaire, mais elle ne put l'obtenir. Toutefois, le 29 ventôse an IV, la municipalité, « considérant que l'étendue du canton, dont les communes sont éloignées les unes des autres et composées de villages épars à cause de la légèreté du terrain qui en forme le sol ainsi que des bois qui en couvrent une partie ; considérant que vu le grand nombre d'enfants que chaque commune a, il est instant de leur procurer de l'éducation et de former leurs mœurs par les établissements d'écoles primaires afin de les faire jouir de la bienfaisance nationale », proposa au département d'établir trois écoles primaires dans le canton, à Ebreuil, à Vicq, et à Lalizolle. Elle arrêta même les circonscriptions de chacune le 29 germinal suivant : Ebreuil : la commune d'Ebreuil, les villages qui en dépendent, et Péraclos ; Vicq : les hameaux de Vicq, Sussat, et Saint-Bonnet de Rochefort ; Lalizolle : les hameaux de Lalizolle, Nades et Chouvigny.

Le 1er floréal an IV, la municipalité afferma à Michaud un logement dans le bâtiment de l'hôpital, au second étage. Dans la suite, il y ouvrit une maison d'éducation, prenant des pensionnaires (1).

V

Fêtes publiques.

Pendant la période révolutionnaire la vie publique fut très active. Dans toutes les communes des fêtes patriotiques eurent lieu fréquemment, surtout après la chute de la royauté et la promulgation du calendrier révolutionnaire.

La plus importante au cours des premières années fut celle du 14 juillet.

Le 14 juillet 1790, à Ebreuil « pour fêter cet événement qui brisa les chaînes du despotisme et nous mérita la liberté, en faisant, en un mot, la fête d'une Constitution qui servira de modèle au reste de l'Europe, la municipalité, accompagnée de la garde nationale, se rendit dans l'église paroissiale pour y invoquer les lumières du Saint-Esprit et la protection divine sur les travaux de l'auguste assemblée. Après y avoir entendu le psaume *De Profundis* pour le repos de l'âme des généreux citoyens qui moururent à la prise de la Bastille, elle se transporta processionnellement sur la place publique hors des murs où la messe fut solennellement chantée sur un autel dressé à cet effet. Puis, M. de Grillon, maire, fit un discours rempli d'esprit patriotique, après lequel tout le monde prêta le serment civique ».

La même cérémonie se renouvela l'année suivante.

A Vicq aussi, on célébra le 14 juillet 1790. Après la messe, tous les habitants prêtèrent le serment « afin de s'unir personnellement aux pactes augustes et solennels que la Nation entière contracte à l'instant à Paris sous les yeux de l'assemblée et du monarque ».

Le 8 juillet 1792, la municipalité d'Ebreuil, escortée de la garde nationale, procéda, sur la place de la Halle, à la plantation de l'arbre de la Liberté « décoré de son bonnet et rubans tricolores ».

Le 20 prairial an II, fut célébrée, à Vicq, avec solennité, la fête de l'Être Suprême. « Entour les huit heures du matin, les hommes, les enfants, les adolescents, les vieillards, les femmes et les filles, étant déjà assemblés, brûlant du désir de célébrer la fête de la divinité, le tambour battant et le son des musettes retentissant,

____

(1) M. Henri Germouty, inspecteur primaire à Cannat, en a publié le règlement-programme dans « Le Volume », numéro du 20 juillet 1907. Ce document appartient à M. Malleret, délégué cantonal, à Bellenaves.

les étendards et banderolles tricolores flottant au gré du vent, la terre jonchée de fleurs, les adolescents armés, les uns de fusils, les autres de piques, les pères tenant d'une main une branche de chêne et de l'autre conduisant leurs plus jeunes enfants, les mères ayant à la main des fleurs conduisant leurs filles qui portent des corbeilles de fleurs, les nourrices ayant leurs petits à la mamelle, le char attelé des deux plus beaux bœufs, orné de guirlandes de fleurs, de feuillages verts et de rubans tricolores, les autorités constituées ayant leurs écharpes, tous se rangent autour de l'arbre de la Liberté et brûlent de se rendre au lieu où doit commencer la cérémonie. Les quatre plus anciens vieillards portant des branches de chêne montent sur le char sur lequel sont toutes sortes d'outils propres au labourage et à l'agriculture de la terre ; enfin tout est prêt, on se donne le baiser fraternel et l'on part, le tambour à la tête de tout le peuple battant la marche, et les musettes retentissant ferment le cortège ; on arrive à l'autel où des jeunes filles vêtues en blanc chantent l'hymne et poussent leurs feuilles et fleurs vers le ciel ; le peuple crie ensuite : Vive la République, la Convention et la Montagne ; après quoi l'instituteur Trelet fait un discours analogue à la fête dédié à l'Être Suprême, lequel fini tout le peuple s'embrasse de nouveau et part en chantant pour se rendre au temple, où étant arrivé le citoyen Trelet instituteur de la commune a récité le *pater* républicain et ensuite prononcé un second discours pour engager le peuple à s'aimer réciproquement, se rendre utiles les uns les autres, à vivre en frères, être de bons républicains, obéir aux lois et honorer ceux qu'ils ont choisis pour les faire exécuter, être de bons maris, de bons pères et être exacts à envoyer leurs enfants à son école pour y être instruits suivant la morale républicaine. La cérémonie finie, le peuple s'est retiré en paix et en joie et tout le corps municipal ayant fait préparer un dîner républicain y a invité les quatre vieillards indigents où on leur a rendu toute la vénération due à la vieillesse et aux malheureux. »

Le calendrier grégorien fit place au calendrier révolutionnaire, dont l'année première datait du 22 septembre 1792, jour qui, par une coïncidence heureuse, était celui de l'équinoxe d'automne en même temps que celui de la proclamation de la République.

Dans ce calendrier, le mois était uniformément de 30 jours, et se divisait en trois décades, dont le dixième jour était consacré au repos à la place du dimanche. Cela ne faisant que 360 jours, les cinq autres jours, dits complémentaires, furent appelés moins poétiquement les sans-culottides.

La Convention remplaça les fêtes religieuses par les fêtes déca-

daires, instituées par le décret du 18 floréal an II. Ces fêtes don-
naient lieu à des cérémonies dans lesquelles se succédaient les
exhortations morales et patriotiques, les chants et la danse. Elles
étaient consacrées à l'Être Suprême, au genre humain, au peuple
français, aux bienfaiteurs de l'humanité, aux martyrs de la Liberté,
à la liberté et à l'égalité, à la République, à la Liberté du monde,
à l'amour de la patrie, à la haine des tyrans et des traîtres, à la
vérité, à la justice, à la pudeur, à la gloire, à l'amitié, à la fruga-
lité, au courage, à la bonne foi, à l'héroïsme, au désintéressement,
au stoïcisme, à l'amour, à la foi conjugale, à l'amour paternel, à
la tendresse maternelle, à la piétié filiale, à l'enfance, à la jeunesse,
à l'âge viril, à la vieillesse, au malheur, à l'agriculture, à l'industrie, à nos aïeux, à la postérité, au bonheur. Il y avait en outre
des fêtes à date fixe, anniversaires des grandes journées : 14 juillet, 10 août, 21 janvier, 31 mai, etc.

Nous trouvons trace de la célébration de ces diverses fêtes à
Ebreuil.

1er pluviôse an IV. Anniversaire de la mort de Louis XVI.

L'administration municipale, les fonctionnaires (juge de paix,
assesseurs, notaires, employés de la République), tous les salariés,
se rendirent sur la place de la Révolution et jurèrent devant le
peuple « attachement à la Constitution républicaine, soumission
aux lois et haine éternelle à la royauté ».

10 germinal an IV. Fête de Jeunesse.

Elle fut célébrée devant l'autel de la patrie, près de l'arbre de
la Liberté. Le président de la municipalité fit un discours « par
lequel il peint les charmes de vivre en République et l'horreur
d'être sous la tyrannie des rois; il montre combien était grande la
législature que le peuple s'était choisie et combien étaient sages
les lois qui émanaient d'elle, en particulier celle du 4 brumaire,
qui ordonnait des fêtes à tous les âges de la nature et à toutes
les vertus, que celle d'aujourd'hui était dédiée à la jeunesse parce
qu'elle seule est par son âge susceptible de s'élever dans l'esprit
de liberté et d'égalité que la République désire d'établir, qu'elle
seule peut soutenir la liberté que leurs aînés ont eu le courage
d'enlever à la tyrannie des despotes qui tenaient nos pères dans
le plus vil esclavage ; il a dépeint succinctement l'horreur qu'ins-
piraient les émigrés aux vrais amis de la Patrie et combien ils
cherchent par des voies illicites à les corrompre pour les subju-
guer. Un autre fléau, a-t-il dit, cherche à détruire la Nation en y
semant la discorde, c'est le fanatisme ! Vous qui m'écoutez, ne
vous laissez pas séduire aux discours empoisonnés que ses partisans emploient pour vous faire courber la tête sous le joug de

l'esclavage ; les ministres des cultes de tous temps ont cherché à dominer sous le prétexte d'être hommes de Dieu, voyez dans les siècles les plus reculés, en séduisant les peuples, ils les portaient à commettre les plus abominables horreurs. C'est pourquoi, soyons vertueux ; ne faisons pas à autrui ce que nous ne voudrions pas qui nous fût fait, alors oui, alors nous serons de vrais républicains, et l'Être Suprême répandra sur nous sa bénédiction en affermissant la République ! »

10 floréal an IV. Fête des Époux.

Elle fut célébrée à midi sur la place de la Révolution. Après un discours du président, conforme aux circonstances, une couronne civique fut remise à Henry Jouandon, juge de paix et Jean Roussel, huissier, pères de familles nombreuses. La cérémonie s'acheva aux cris répétés de « Vive la République ! »

10 prairial an IV. Fêtes de la Reconnaissance et des Victoires.

La municipalité, escortée de la garde nationale et suivie de tous les fonctionnaires, magistrats de l'ordre judiciaire, notaires, huissiers, pensionnaires de l'État, instituteurs et institutrices, se rendit, en faisant le tour de la ville sur la place de la Révolution, où le président prononça un discours. Après dîner, la fête se termina par des chants patriotiques et des danses.

10 messidor an IV. Fête de l'Agriculture.

Sur la place de la Révolution, un autel était dressé près de l'arbre de la Liberté ; autel et arbre avaient été décorés de guirlandes de fleurs champêtres entremêlées d'épis de différents grains et de feuilles de vigne, « seuls préparatifs que la brièveté du temps ait pu permettre ». Le président dans son discours, encouragea les agriculteurs à améliorer le sol de la liberté, leur promettant, lorsque la patrie serait en paix, des récompenses pour ceux qui auraient excellé dans l'art agricole. Le cortège fit ensuite le tour de la ville. La municipalité observa dans son procès-verbal qu'il était fâcheux de ne pas être prévenu au moins un mois à l'avance pour célébrer de pareilles fêtes et que l'on ne dispose pas de fonds à ce destinés, car « c'est par le faste et l'appareil que ces fêtes deviendraient brillantes et feraient oublier les cérémonies fanatiques. »

9 et 10 thermidor an IV. Fête en mémoire de la Liberté conquise et de la destruction de toutes espèces de tyrannie soit royale, soit triumvirale, ou anarchiste.

A 10 heures, le 9 thermidor, les membres de la justice de paix, les notaires, les huissiers, les pensionnaires de l'État, l'instituteur et ses élèves, la garde nationale, accompagnèrent la municipalité sur la place. Le président fit un discours dépeignant les charmes

de la liberté et de la tyrannie des rois, au milieu des cris de :
« Haine à la tyrannie et Vive la Liberté ! » On chanta des hymnes
à la liberté, puis on simula la chute d'un trône aux cris de :
« Haine à la tyrannie et Vive la Liberté ! » Le lendemain, à la
même heure, le cortège se rendit de nouveau sur la place. Dans
son discours, le président montra combien était à craindre l'anarchie et combien ses suppôts se donnent de mouvement pour ren-
verser la Constitution républicaine. Après des hymnes à la liberté,
on cria encore : « Haine à la tyrannie et Vive la Liberté, vive la
République! ». La fête se termina par l'embrasement du trône
suivi de danses et de banquets civiques jusqu'à la nuit.

23 thermidor an IV. Fête du 10 août (vieux style).

Cette fête ayant été connue trop tard, il fut impossible de la
célébrer avec toute la pompe qu'on aurait désirée. On se rendit à
l'arbre de la Liberté situé faubourg de la Guillotière. Là, il y eut,
comme d'ordinaire, un discours, des chants, des cris, des serments.

10 fructidor an IV. Fête des Vieillards.

Elle fut célébrée sur la place du corps de garde, devant l'arbre
de la Liberté. Il y eut un discours du président. L'assistance fut
peu nombreuse, tous les citoyens étant occupés aux moissons.

9 pluviôse an V. Fête du 21 janvier « pour célébrer la mémoire
de la juste punition du dernier roi des Français ».

Cette fête, qui tombait le 2 pluviôse, ne fot célébrée que le 9.
Elle eut lieu sur la place de la Révolution.

10 floréal an V. Fête des Époux.

Elle fut célébrée sur la place de la Révolution.

10 prairial an V. Fête des Victoires.

La municipalité, accompagnée des autres autorités constituées,
des instituteurs et de leurs élèves, se transporta, à 10 heures, sur
la place de la Révolution : au pied de l'autel de la patrie, on chanta
des hymnes « au triomphe de nos armées, qui consolident notre
Constitution et nous font obtenir la paix par leurs victoires. »

9 et 10 thermidor an V. Fête de la Liberté.

Comme on était en pleines moissons, la municipalité jugea inutile de convoquer les habitants pour y assister. Le 9, à 11 heures,
elle se rendit à l'arbre de la Liberté sur la place de la Révolution,
invitant en route les citoyens et citoyennes à se joindre à eux. On
chanta des hymnes avant de se séparer. Le lendemain, à la même
heure, la même cérémonie recommença.

23 thermidor an V. Fête du 10 août.

A 11 heures, la municipalité se transporta sur la place au pied
de l'arbre de la Liberté ; on cria : « Vive la République! Vive la

Constitution! » **Pour** terminer, on invita la jeunesse à danser.

10 fructidor **an V.** Fête de la Vieillesse.

1er vendémiaire **an VI.** Fête de l'Anniversaire de la fondation de la République.

Elle fut célébrée au pied de l'arbre de la Liberté, sous la présidence de Rozier.

30 vendémiaire **an VI.** Cérémonie funèbre à la mémoire du général Hoche.

On avait dressé sur la place de la Révolution un mausolée autour duquel étaient plantés des peupliers, enguirlandés de chêne et de laurier, avec des inscriptions rappelant les hauts faits qui ont illustré Hoche. Après un discours du président, Pital, présentant avec énergie les actions héroïques et les vertus de Hoche, on chanta une strophe faite à cette occasion par le représentant Chénier. Il y eut de nombreux cris de : « Vive la République! »

2 pluviôse **an VI.** Anniversaire du 21 janvier, « jour mémorable par la juste punition du dernier roi des Français ».

Dès l'aube, le canon annonça la fête : les coups se répétèrent d'heure en heure. La garde nationale, l'administration municipale, les fonctionnaires publics se rendirent, au son d'une musique guerrière, sur la place au pied de l'arbre de la Liberté, « lequel a traversé tous les orages de la Révolution et s'élève majestueusement dans les airs ». Il y eut un discours du président, « analogue à la circonstance ». La cérémonie se termina par des chants patriotiques.

Les fêtes se continuèrent ainsi se ressemblant toutes ; 10 floréal an VI. Fête des Époux ; 10 prairial an VI. Fête de la Reconnaissance ; 10 messidor an VI. Fête de l'Agriculture ; 26 messidor an VI. Fête en mémoire « du jour où le peuple montra ses premiers élans vers la liberté » ; 9 et 10 thermidor an VI. Fête de la Liberté ; 10 fructidor an VI. Fête de la Vieillesse ; 18 fructidor an VI. Fête « pour célébrer la journée mémorable du 18 fructidor placée au rang des fêtes nationales ».

A partir de l'an VI, on célébra à Ebreuil tous les décadis. Dans la réunion qui se tenait dans l'église de l'hôpital, devenue le temple décadaire, on lisait les lois nouvelles et on célébrait les mariages.

2 pluviôse **an VI.** Anniversaire « de la juste punition du dernier roi des Français ».

Cette fête fut célébrée en grande pompe dans le temple décadaire.

30 ventôse **an VI.** Fête de la Souveraineté du peuple.

10 germinal **an VI.** Fête de la Jeunesse.

1er vendémiaire **an VIII.** Fête anniversaire de la fondation de la République.

Elle fut célébrée, à 10 heures du matin, dans le temple décadaire, où l'on avait élevé un temple à la Concorde sur les bases duquel étaient écrits en gros caractères ces mots : « Paix à l'homme juste, à l'observateur fidèle des Lois ! » Le président, debout devant l'autel, après avoir invité tous les citoyens républicains à abjurer de funestes divisions et à ne songer qu'à la patrie en péril, prêta le serment : « Je jure fidélité à la République et à la Constitution de l'an III. Je jure de m'opposer de tout mon pouvoir au rétablissement de la royauté en France et à celui de toute espèce de tyrannie. » Il adressa ensuite un appel aux conscrits réfractaires.

VI

Le clergé du canton. — Le culte.— La vente des biens ecclésiastiques.

Clergé régulier.

Ebreuil. — *Abbaye d'Ebreuil.* — En 1789, le titulaire de l'abbaye bénédictine était, depuis le 12 mars 1780, Philibert-Nicolas Hemey d'Auberive.

Le palais abbatial s'élevait au centre même de la ville sur les bords de la Sioule. Sur l'emplacement du vieux château, qu'il avait fait abattre, l'abbé Hemey avait fait construire l'habitation moderne, qui existe encore de nos jours (1).

Ce palais avait de vastes dépendances : un jardin en terrasse sur la Sioule, un parc séparé de la maison par le chemin conduisant au bac, trois grandes cours, deux petits bâtiments d'habitation pour le personnel, un vaste cuvage, une glacière, une superbe grange très ancienne, de très vastes greniers pouvant contenir toutes les récoltes d'Ebreuil, sous lesquels étaient de très belles écuries.

L'almanach royal pour 1789 indique comme revenu de l'abbaye 6 000 livres. Mais ce chiffre est inférieur à la réalité.

L'abbaye possédait en effet les bois de Grandval (86 arpents 56 perches 328 pieds), de Taillefer (56 arpents, 12 perches 204 pieds), de Combenoire (110 arpents 92 perches 80 pieds), de Saint-Martin (77 arpents 38 perches 104 pieds) ; une partie des

(1) Maison Hervier, actuellement orphelinat appartenant à des religieuses de Nevers.

prés Dimanche, rapportant en moyenne 45 chars de foin ; des vignes ; divers droits (pêche dans la Sioule, banvin, ferme du bateau, taille et retaille des saules des prés Dimanche) affermés 750 livres ; deux rentes, l'une de 400 livres, l'autre de 300 livres, servies par des monastères du Languedoc ; enfin des dîmes, cens et directes, évaluées au minimum à 17.000 ou 18.000 livres (1).

La question des biens ecclésiastiques fut une des premières qu'aborda l'Assemblée Constituante, qui voyait là d'importantes ressources pouvant lui permettre de rétablir l'ordre dans les finances nationales. Les bénéfices jouissaient de revenus considérables, provenant de biens donnés jadis au cours des siècles pour secourir les pauvres et entretenir le culte.

En 1789, ils étaient pour la plupart aux mains de titulaires, qui laissaient les pauvres dans la misère, à des curés indigents le soin du culte, et qui vivaient en grands seigneurs de ces sinécures. Ces biens n'étaient plus employés à leur destination. Donnés primitivement pour des œuvres pieuses ou charitables, ils ne servaient plus qu'à entretenir le luxe et le faste de prélats et d'abbés de Cour.

L'assemblée résolut de se les approprier, tout en reconnaissant les charges qui les grevaient. Pouvait-elle le faire légalement ? Ce n'est pas douteux. Et non seulement financièrement, mais socialement, cela semblait une opération heureuse et avantageuse. « Si les propriétés des individus, dit Thiers, fruit et but de leur travail, devaient être respectées, celles qui avaient été données à des corps pour un certain objet pouvaient recevoir de la loi une autre destination. C'était pour le service de la religion qu'elles avaient été données ou du moins sous ce prétexte ; or, la religion étant un service public, la loi pouvait régler le moyen d'y subvenir d'une manière toute différente. »

Devant l'Assemblée, l'abbé Maury se fit le défenseur des bénéfices ; il sonna l'alarme chez les propriétaires, les menaçant d'une confiscation prochaine, et prétendant qu'on sacrifiait les provinces aux agioteurs de la Capitale. Sa cause était mauvaise ; il combattait une thèse archiséculaire, la thèse qui avait été toujours admise et soutenue par la monarchie.

Le 2 novembre 1789, à une grande majorité, l'Assemblée Constituante, sur la proposition de Mirabeau, déclara que tous les biens ecclésiastiques étaient « à la disposition de la Nation, à la charge de pourvoir d'une manière convenable aux frais du culte, à l'entretien de ses ministres, et au soulagement des pauvres ».

(1) L'arpent valait 100 perches carrées ou 1.344 toises 16 pieds, 51 ares environ.

Les titulaires des bénéfices perdirent, en même temps que leur propriété foncière, leur propriété féodale. Le décret du 3 novembre vint, en effet, abolir les justices seigneuriales, les dîmes les annates, les droits censuels et féodaux. Puis le décret du 13 novembre ordonna à tous les titulaires de bénéfices, de quelque nature qu'ils fussent, de faire par devant les juges royaux et les officiers municipaux, dans le délai de deux mois, une déclaration détaillée de tous les biens meubles et immeubles et de tous les revenus dont jouissaient ces établissements et les charges dont ils étaient grevés.

Le 14 novembre, suivit la loi relative à la conservation des archives, des manuscrits et des bibliothèques de toutes les maisons religieuses, qui en furent constituées les gardiennes, mais dont la propriété fut attribuée à la Nation.

Pour tirer parti des biens déclarés nationaux, il fallait les vendre. C'était une entreprise considérable qu'allait réaliser l'Assemblée Constituante. D'autant plus qu'elle envisageait une œuvre économique en même temps : déposséder un ordre trop puissant d'une grande partie du territoire, répartir ces biens le mieux possible, les rendre plus productifs, rendre propriétaire une portion considérable du peuple qui ne l'était pas.

L'opération commença en mars 1790 et se continua pendant les années 1791, 1792, 1793, 1794, exceptionnellement plus tard. Elle s'effectua dans toute la France d'une façon à peu près uniforme.

Durant les premiers mois de 1790, on nomma les experts, on dressa les inventaires.

L'Assemblée avait recommandé de diviser les immeubles autant que leur nature la permettrait, afin de faciliter les petites soumissions et l'accroissement du nombre des propriétaires. Le prix des lots était fixé d'après le revenu, effectif ou arbitré, mais à des deniers différents, selon la nature des biens, qui à cet effet étaient rangés en quatre classes : 1° propriétés rurales, consistant en terres labourables, prés, vignes, bâtiments d'exploitation ; 2° rentes et prestations en nature, droits censuels ; 3° rentes et prestations en argent ; 4° toutes les autres espèces de biens à l'exception des bois. L'estimation du revenu des trois premières classes de biens était fixée d'après les baux à ferme existants ou reconnus devant notaire. Les particuliers, qui désiraient acquérir étaient obligés d'offrir pour prix capital des biens de ces trois classes un certain nombre de fois le revenu net : 22 fois pour la première, 20 fois pour la deuxième, 15 fois pour la troisième.

Le prix des biens de la quatrième classe était fixé d'après une estimation.

Dans tous les districts, une partie des biens ecclésiastiques fut aliénée partiellement surtout à Gannat.

Le 6 juin 1790, le Conseil général de la commune estimant qu'il y aurait grand avantage pour celle-ci à acquérir les biens dépendant de l'abbaye, fit une soumission pour la somme de 100.000 livres, qui fut réitérée, le 9 février 1791, avec certaines formes déterminées.

Les revenus de l'abbaye avaient été considérablement réduits par le décret du 3 novembre 1789, supprimant les dîmes et autres droits féodaux ; il ne restait plus alors que les propriétés foncières.

Pour se conformer aux décrets des 20 février, 19 et 20 mars 1790, ordonnant aux officiers municipaux de se transporter dans la huitaine de leur publication dans les maisons religieuses pour s'y faire présenter les registres et comptes, les arrêter et former un résultat des revenus, dresser un état et la description sommaire de l'argenterie, argent monnayé, des effets de sacristie, de la bibliothèque, des livres manuscrits, médailles, mobilier le plus précieux, la municipalité d'Ebreuil apposa les scellés sur les archives de l'abbaye, le 19 mai 1790.

Mais l'abbé Hémey était résolu à défendre son bénéfice jusqu'au bout. Comme si le décret du 2 novembre 1789 n'existait pas, il avait passé après cette date des baux relatifs aux revenus de l'abbaye.

Le 4 novembre, par devant Deneufville notaire, Léonard Chassaing, son agent, avait donné à bail pour neuf années, à partir du 1° janvier 1790, à Antoinette Ray, veuve Bernier, demeurant aux Bayons, paroisse de Saint-Quintin, la barque et le passage de la Sioule, la pêche, le banvin, la vigne de Combat, la taille et retaille de saules du pré-Dimanche, moyennant 750 livres par an.

Le 13 nov. suivant, toujours devant Deneufville, le même Chassaing avait consenti, moyennant 2.150 livres et 60 livres d'épingles payées comptant, la coupe de 26 à 27 arpents de bois taillis de Taillefer, à Villiet et Tessot, qui en commencèrent aussitôt l'exploitation.

Enfin, le 9 avril 1790, l'abbé Hemey passa à Lyon un acte sous signatures privées avec Antoine Tessot, par lequel il lui affermait pour l'année 1790 le surplus des revenus de l'abbaye moyennant 1.255 livres de charges en argent, 28 setiers de froment, 45 setiers de seigle, 5 setiers d'avoine, le tout de charges annuelles en portions congrues ou fondations, et en outre la somme de 9.000 livres.

A la requête de la municipalité d'Ebreuil, ces actes furent annulés par le tribunal du district.

Un arrêté du 26 mars 1791, du directoire du département, ordonna la mise en vente des biens dépendants de l'abbaye. L'abbé fit aussitôt opposition à la vente de la maison. Il avait, disait-il, consacré à la construction de ce bâtiment, qu'il estimait à plus de 150.000 livres, dix années de son revenu net 8.000 livres et emprunté 70.000 livres ; en outre, 4.000 livres étaient encore dues à l'entrepreneur. Il prétendait donc avoir sur lui des droits de propriétaire. Mais sa réclamation ne fut pas admise, et la maison fut vendue avec les autres biens.

La vente eut lieu le 17 octobre 1791. Des biens étaient répartis en huit lots ainsi estimés :

1º la maison abbatiale avec toutes ses dépendances et appartenances contiguës. . . . . . . 28.000 livres

2º le parc ou jardin potager de l'abbaye . . . 8.800 —

3º une vigne de 85 œuvres au terroir de Combat (1) . . . . 3.300 —

4º un colombier dans le faubonrg de la Roubière, sur le bord de la Sioule. . . . . 220 —

5º le pré-Dimanche, 21 séterées, commune de Vicq . . . . 26.400 —

6º une grange à Chalignat, commune de Saint-Bonnet de Rochefort. . . . . 800 —

7° une quartelée de terre à Chalignat, au terroir de la Vialle (2). . . . . 110 —

8º une chapelle dite autrefois chapelle du prieuré, à Chalignat. . . . . 800 —

De Marcellange, Fourgerel, et autres, firent soumission pour ces divers prix. L'adjudication porta sur la totalité des lots. Elle donna lieu à plusiers enchères entre Edouard de Grillon et Maignol, administrateur du directoire du district de Riom. Ce dernier fut déclaré adjudicataire moyennant le prix de 100.000 livres.

L'abbé Hemey quitta Ebreuil à la fin de décembre 1791 ; il se rendit d'abord en Bresse chez un ami, où il passa six semaines. De là, il alla à Genève avec l'intention de rejoindre à Lubeck Mgr de Marbœuf. Mais il revint bientôt à Paris, où il vécut retiré, passant son temps dans les bibliothèques (3).

En juillet 1792, Maignol n'avait pas encore pris possession des biens achetés par lui ni payé l'accompte fixé sur le prix, sous prétexte d'une opposition formée par l'abbé Hémey contre l'adjudica-

(1) L'œuvre valait 150 toises (5 ares 70).

(2) La quartelée valait 300 toises (11 ares 39) ; 4 quartelées faisaient une séterée, 1.200 toises (45 ares 60).

(3) Abbé Boudant. Histoire d'Ebreuil, page 51.

tion. Le district dut les faire administrer provisoirement par l'enregistrement. Le 12 avril 1793, les commissaires de la Convention
Forestier et Fauvre-Labrunerie l'autorisèrent à procéder sur le
champ à une nouvelle vente, nonobstant toute opposition.

Les biens furent adjugés en bloc, le 16 mai 1793, à Edouard de
Grillon, sur surenchère, pour 116.000 livres. Dans cette vente, de
Grillon s'associa sept autres acquéreurs, et le partage fut ainsi
fait :

De Grillon : la majeure partie des bâtiments, la cour et le jardin de l'abbaye,
un quart du pré Dimanche . . . . . . 33.098 livres 9 sols

Nicolas-François Ballet : le parc . . 18.717 — 5 —

Antoine Boirot, demeurant à Veauce :
une partie des cours et bâtiments sur le
errière ; un quart du pré-Dimanche ; la
chapelle, la grange et la terre de Chalignat. . . . . 28.435 — 5 —

Joseph Gaspard Lesbre : un quart du
pré-Dimanche . . . . 13.258 — 1 —

Simon Emelin le jeune, demeurant à
Boénat, commune de Lalizolle : la moitié
des vignes. . . . . 4.679 — 6 —

Louis Ballet, juge au tribunal de Gannat : une partie des bâtiments et jardin de
l'abbaye . . . . 4.894 — 7 —

Henry Jouandon : la moitié des vignes 4.679 — 6 —

Charles Juge, avoué à Riom : un quart
du pré-dimanche . . , ... 13.258 — 1 —

Le 18 messidor an IV, le bois taillis de Taillefer fut vendu,
moyennant 6.330 livres 5 décimes, à Simon Emelin, de Lalizolle ;
le 12 nivôse an V, les bois de Combenoire et de Saint-Martin furent
vendus, moyennant 24.860 livres à Dieudonné, de Moulins, agissant
au nom d'Antoine Boirot de Veauce, de Nicolas-François Ballet
d'Ebreuil, et d'Antoine Cante de Chouvigny.

Lalizolle. — Commanderie du Mayet.
La commanderie du Mayet d'Ecole possédait quelques biens à
Boénat. Ils furent vendus, le 17 septembre 1793 ;

1° un bois taillis, à Antoine Cante, pour 5.950 livres ;

2° des terres à seigle, à Simon Emelin, pour 300 livres.

Saint-Bonnet-de-Rochefort.
Communalistes de Charroux. — Les biens appartenant aux com-

munalistes de Charroux et situés sur la commune de Saint-Bonnet-de-Rochefort furent vendus, le 4 avril 1793 en dix lots :

1° cinq boisselées terroir de la côte de Chalignat, estimées 120 livres, à François Desboudard, chirurgien à Charroux, pour 2.100 livres ;

2° cinq boisselées terroir de Voy-Vieille, estimées 99 livres, à Jean Dubois, voiturier à Charroux, pour 200 livres ;

3° une quartellée terroir de Bariau, estimée 66 livres, à Gilbert Caille, propriétaire à Charroux, pour 365 livres ;

4° huit boisselées terroir des Vignaux, estimées 120 livres, à Pierre Lesbre, voiturier à Charroux, pour 1.050 livres ;

5° six quartellées terroir de la côte Marnat, estimées 440 livres, à Givaudan, curé de Chouvigny, pour 2.275 livres ;

6° deux seterées, estimées 528 livres, à Etienne Bouquerot, de Charroux, pour 5.000 livres ;

7° une quartellée, terroir des Sobres, estimée 88 livres, à Philibert Delesveaux, pour 550 livres ;

8° une vigne d'environ six œuvres, terroir des Coubons, estimée 500 livres ;

9° une vigne d'environ vingt-sept œuvres, terroir Duguard, estimée 1.520 livres, à Louis Delan et Desboudard, demeurant à Charroux, pour 6.400 livres ;

10° une vigne de six œuvres, terroir du Clos-sous-Vignes, estimée 440 livres, à Charles Champagnat et Jean Bagnard, de Charroux, pour 1.300 livres.

Clergé séculier. — En 1789, le personnel paroissial du canton était ainsi composé : *Ebreuil* : Claude Bourgoing, curé ; François Gerle, vicaire ; *Chouvigny* : Jean Givaudan, curé ; *Lalizolle* : Antoine Dulin, curé ; *Nades* : Dalexandre, curé ; *Saint-Bonnet-de-Rochefort* : Gervais Alligier, curé, Bourgougnon, vicaire ; *Sussat* : Louis Barbat, curé, *Vicq* : François Randon, curé (1).

A Ebreuil, le titulaire de l'abbaye, qui percevait la dîme, était tenu d'allouer au curé une portion congrue de 300 livres, et d'entretenir l'église.

En outre de ces 300 livres, le curé jouissait de novales affermées, en juillet 1790, 204 livres, et du produit d'un terrier dit Notre-

----

(1) Claude Bourgoing, originaire de Bourgogne, âgé de 46 ans, exerçait à Ebreuil depuis trois ans et habitait faubourg de la Guillotière ; François Gerle, né à Sauxillanges, le 11 décembre 1761, ordonné prêtre le 17 décembre 1786, vicaire à Lezoux, puis à Ebreuil ; Joseph-Anne Dalexandre, né à Randau, 52 ans ; Gervais Alligier, originaire de Clermont-Ferrand, 40 ans ; Louis Barbat, originaire d'Egliseneuve-d'Entraigue (Puy-de-Dôme), 58 ans ; François Randon, originaire de Mansat.

Dame à titre de seul et premier communaliste de cette église. Ce terrier, renouvelé en 1772, comprenait 17 articles ou reconnaissances portant en tout 8 setiers de froment et une émine de seigle. En estimant le froment année moyenne à 14 livres le setier, et le seigle à 10 livres, le terrier rapportait environ 117 livres. Enfin, il possédait, à titre de fondation chargée de plusieurs messes, une seterée 1/2 de terre en trois pièces, et une petite vigne de deux œuvres plantée nouvellement, le tout rapportant au plus de 35 à 40 livres, et une rente de 17 livres en argent pour différentes fondations de messes et douze processions.

Ils n'existait pas de presbytère, et le curé était obligé de louer une maison en ville.

En 1789, le culte paroissial était célébré dans l'église Notre-Dame, qui était dans un état complet de délabrement et de pauvreté. Dans une délibération du 30 septembre 1790, la municipalité déclare « qu'on n'a jamais vu d'église plus mal fournie ». En outre, elle était trop petite et ne pouvait contenir tous les habitants de la paroisse.

L'Assemblée constituante supprima les dîmes et déclara nationaux tous les biens ecclésiastiques ; mais, en retour, elle s'engagea à subvenir à toutes les dépenses du culte. Elle assura l'existence des curés en décrétant que leurs appointements ne pourraient pas être moindres de 1200 livres et en y ajoutant la jouissance d'une maison curiale et d'un jardin.

D'après le chiffre de la population, le curé d'Ebreuil devait avoir 1500 livres, et son vicaire 700 livres.

Un décret de l'Assemblée, du 5 février 1790, obligea les possesseurs de bénéfices ou « de pensions sur bénéfices, sur les économats, sur le clergé général, sur celui des diocèses ou sur des biens ecclésiastiques quelconques », à venir déclarer devant les officiers municipaux de la ville où ils se trouvaient ou de la ville la plus prochaine, les bénéfices qu'ils possédaient, sous peine d'en être déchus.

Plusieurs curés de la région vinrent faire cette déclaration devant la municipalité d'Ebreuil : le 26 mars, Jean Cromarias, curé de la paroisse de Saint-Gal ; le 29 mars, Claude Bourgoing, curé de la paroisse Notre-Dame d'Ebreuil ; le 9 avril, Gervais Alligier, curé de la paroisse de Saint-Bonnet-de-Rochefort, et Louis Barbat, curé de la paroisse de Sussat, titulaire en même temps du petit prieuré de Sussat et de la vicairie du Chatelard ; le 18 avril, François Randon, curé des paroisses de Saint-Maurice-de-Vicq et de Saint-Bonnet-de-Bellenaves, le 23 avril, Antoine Dulin, curé de la paroisse de Lalizolle.

L'Assemblée constituante voulut ensuite apporter dans l'organisation ecclésiastique la même uniformité que dans tous les autres services. Chaque département eut un évêché. Les paroisses d'Ebreuil et des autres communes du canton se trouvèrent ainsi placées dans le diocèse de Moulins. Laurent, curé d'Hulliaux, député du clergé à la Constituante, fut élu évêque.

Laurent, curé de Bayet, fut chargé d'établir les circonscriptions paroissiales du district de Gannat. Le 24 mai 1792, le directoire du district les arrêta définitivement. Chaque commune du canton comprenait une paroisse, sauf Sussat, dont la paroisse était supprimée sans même y conserver l'église pour oratoire ou succursale.

Jusqu'alors le pouvoir royal avait toujours réglé les circonscriptions ecclésiastiques et l'assemblée ne faisait qu'user de ce droit séculaire.

Les évêques étaient nommés par le roi et les curés par les patrons temporels des paroisses; l'assemblée ne crut donc pas non plus empiéter sur les doctrines de l'Eglise catholique en soumettant comme aux premiers siècles leur choix à l'élection des fidèles. C'est ce que l'on appela la constitution civile du clergé. Elle fut décrétée le 12 juillet 1790. Chaque paroisse devait élire son curé.

Le haut clergé, le clergé dépossédé, fit une opposition à cette Constitution, souleva les passions, parla de schisme et se vengea ainsi de sa dépossession en jetant dans la Révolution un germe de mort, la guerre religieuse.

Les décrets des 27 novembre et 26 décembre 1790 exigèrent de tous les ecclésiastiques desservant des paroisses, à peine de déchéance et de privation des droits, le serment « de remplir leurs fonctions avec exactitude, d'être fidèles à la Nation, à la Loi, au Roi, et de maintenir de tout leur pouvoir la Constitution décrétée par l'Assemblée nationale et acceptée par le Roi ».

Le 9 janvier 1791, la municipalité d'Ebreuil se rendit à l'église paroissiale pour assister à la prestation du serment civique par le curé Bourgoing et son vicaire.

Au cours de la cérémonie, après qu'il eut fait en chaire à ses paroissiens l'instruction accoutumée, le curé leur expliqua « l'esprit des décrets, les malheureuses circonstances qui les ont fait rendre, la nature du serment exigé des ecclésiastiques fonctionnaires publics, l'erreur de ceux qui prétendent qu'il va compromettre la conscience des ecclésiastiques qui le prêteront, parce qu'il attente selon eux à l'autorité spirituelle que les évêques et les prêtres ont immédiatement reçue de Jésus-Christ comme successeurs des Apôtres et des Disciples, et que nulle puissance temnorelle n'a effectivement le droit de régler ni le pouvoir de diriger ou de restreindre, ainsi qu'il l'a prouvé par l'autorité même des auteurs ecclésiastiques, des Pères et des Conciles en démontrant qu'il ne s'agit ici et dans la nouvelle distribution des diocèses et des cures que de l'étendue du territoire sur lequel doit s'exercer dans toute la Nation déclarée catholique cette puissance spirituelle... »

Après le prône, le curé et son vicaire prêtèrent le serment constitutionnel « en présence des paroissiens et de la garde nationale mise sous les armes pour faire honneur à leur civisme ».

A Vicq, le curé Randon prêta le serment, le 23 janvier 1791. Il le fit précéder du préambule suivant : « Messieurs et chers paroissiens, l'Assemblée nationale exige de tous les curés du royaume le serment de remplir avec fidélité les devoirs de pasteur et de citoyen ; mon patriotisme vous est assez connu pour vous persuader d'avance que je vais m'y soumettre, mais qu'il me soit permis de vous rappeler que le jurement étant un acte religieux, on ne saurait trop se pénétrer de son importance. Jurer c'est prendre Dieu à témoin, et ce n'est pas en vain qu'on interpose l'autorité de l'Etre Suprême. Souffrez de ce que pour me préparer à un acte si auguste, je commence par vous manifester les sentiments religieux que j'ai sans cesse cherché à imprimer dans vos cœurs. Je crois en Dieu, rémunérateur de la vertu et vengeur du crime. Je crois la trinité des personnes, l'incarnation du Verbe. Je crois qu'il n'y a qu'une Eglise sainte, catholique, apostolique et romaine. Je crois que l'Eglise est l'assemblée des fidèles chrétiens gouvernés par des pasteurs légitimes sous un chef visible qui est le pape vicaire de Jésus-Christ. Je crois que quiconque n'écoute pas l'Eglise doit être regardé comme un païen et un publicain, qu'en conséquence je dois l'obéissance à l'Eglise dans les choses spirituelles comme je la dois aux légitimes souverains dans les choses politiques. « Rendez, dit Jésus-Christ lui-même, à Dieu ce qui est à Dieu, à César ce qui est à César. » D'après ces principes, je jure de veiller avec soin sur les fidèles qui me sont confiés, d'être fidèle à la Nation, à la Loi, au Roi, et de maintenir de tout mon pouvoir la Constitution décrétée par l'Assemblée nationale et acceptée par le Roy. »

La municipalité vit dans ce préambule une restriction au serment, et, sur l'invitation du directoire du district, le curé dut prêter de nouveau le serment, le dimanche 6 février.

A Nades, Dalexandre prêta le serment le jeudi 27 janvier 1791.

Dans les autres paroisses du canton, sauf à Chouvigny, les curés obéirent également aux décrets de l'Assemblée.

Mais la constitution civile du clergé fut condamnée par le pape, qui, le 13 avril, interdit la prestation du serment.

L'aumônier de l'hôpital d'Ebreuil, Depert, religieux charitain, n'avait pas prêté le serment; il critiqua la conduite du curé et du vicaire, disant qu'ils n'étaient plus que des schismatiques et des rebelles à l'Eglise, et qu'ils étaient déchus de tous leurs droits et de leur autorité spirituelle.

La municipalité s'émut de cette propagande qui jetait le trouble dans les consciences; elle somma Depert de se conformer à son tour à la loi et de prêter le serment exigé. Celui-ci se confondit en protestations au sujet des accusations que l'on avait pu porter sur son compte. Jamais, affirma-t-il, il n'avait dit quoi que ce soit sur le curé et le vicaire, et pour preuve, il était prêt à prêter le serment qu'on lui demandait, le dimanche suivant. On attendit Depert pour cette cérémonie, mais en vain; il avait quitté Ebreuil pour n'y plus revenir.

Le curé fut alors chargé des fonctions d'aumônier de l'hôpital.

En avril 1791, Gerle, nommé vicaire épiscopal de l'évêque de Moulins, quitta la paroisse. Un communaliste de l'église Sainte-Croix de Gannat, Gilbert Deligny, sur les sollicitations du curé Bourgoing, vint alors s'intaller à Ebreuil (1). Il prêta le serment constitutionel le 24 avril.

Dans les autres paroisses, les curés restèrent en fonctions et continuèrent leur ministère comme par le passé. A Chouvigny, le curé ayant refusé de prêter le serment, Dalbignac, vicaire à Saulcet, fut élu à sa place.

Le 1er janvier 1792, à Ebreuil, l'affluence des fidèles fut telle à la messe qu'il en résulta du tumulte et que beaucoup restèrent hors de l'église ne pouvant trouver place à l'intérieur.

A plusieurs reprises déjà, la municipalité avait réclamé l'église de l'hôpital, qui était beaucoup plus vaste, pour y installer le culte paroissial. Il y avait été exercé primitivement, mais en avait été évincé peu à peu par les Bénédictins et définitivement, en 1768, par les frères de la Charité. Elle renouvela alors sa demande avec insistance.

La population tout entière appuyait ce vœu, et elle fut profondément déçue lorsque, le 26 avril suivant, elle apprit que des vases sacrés et certains objets de l'église de l'hôpital avaient été enlevés. C'est le district qui avait chargé Delaporte, un de ses administrateurs, de les transporter à Gannat; mais le public, qui

(1) Un communaliste était un prêtre attaché à une église.

l'ignorait, accusa aussitôt les deux anciens religieux qui étaient encore à l'hôpital, Duflox et Sauvage, de les avoir enlevés ou fait enlever.

Il y eut un véritable soulèvement, et pour protester, la foule transporta les fonts baptismaux de l'église Notre-Dame dans celle de l'hôpital.

Puis elle envahit l'hôpital, et le prieur Duflox fut enfermé et gardé à vue « comme devant payer de sa tête le prétendu vol ».

Le lendemain 27, Lesbre, maire, Ballet, procureur-syndic, Juge et Berrier, notables, et Venant Sauvage, se rendirent à Gannat réclamer les objets.

Les administrateurs du district consentirent à les leur remettre provisoirement pour éviter toute agression contre Duflox, mais ils enjoignirent à la municipalité de leur faire connaître les noms des chefs, auteurs et complices de l'insurrection et de les dénoncer à la justice comme perturbateurs de l'ordre public. Ils envoyèrent même à Ebreuil, le 28 avril, la gendarmerie nationale sous les ordres d'un officier.

Le 30 avril, la municipalité fut invitée par le district à lui retourner les vases et effets appartenant à l'hôpital et déjà versés par Delaporte : ostensoir supporté par un ange ; encensoir, écuelle à encens, cuiller ; calice avec sa patène ; bénitier avec son goupillon ; quatre pièces de velours cramoisi galonnées en or avec franges ; une autre pièce semblable ; un petit coussin de même velours galonné avec quatre glands ; une pièce de brocard or et argent galonnée en or avec franges, servant de voile au Saint-Sacrement ; une bourse de drap d'or sur laquelle il y a une croix en pierreries, galonnée de paillettes d'argent, dans laquelle est une pale de satin brodé avec trois fleurs en or, relevées en brosse. Tous ces objets étaient enveloppés dans une nappe d'autel garnie de dentelles.

Afin de calmer la population, une proclamation l'invitant à se soumettre aux lois fut faite par Rozier, à l'issue de la messe paroissiale.

Puis la municipalité s'exécuta le 12 mai suivant. Quatre commissaires portèrent ces divers effets à Gannat.

En mars 1792, Jean Cromarias fut nommé vicaire à Ebreuil ; il prêta le serment constitutionnel le 18 mars, en présence de la municipalité. Il fut remplacé l'année suivante par Antoine Chadebaud, qui prêta le serment le 24 mars 1793.

En mai 1792, un logement fut accordé au curé Bourgoing. Il était situé dans le bâtiment de l'hôpital et consistait en trois chambres dont deux à feu au premier étage, deux autres chambres au second, un petit grenier au-dessus, et une petite écurie derrière la sacristie.

Le culte était exercé, comme par le passé et sans le moindre trouble, par le clergé constitutionnel. En juin 1792, la procession de la Fête-Dieu se déroula avec sa pompe accoutumée dans les rues d'Ebreuil, escortée de la garde nationale.

Mais la guerre était engagée contre les réfractaires qui, chassés des églises, organisaient partout le culte dans des chapelles ou dans des locaux privés. La loi du 27 mai 1792 en fit des suspects et donna aux directoires de département le droit de les déporter sur la seule demande de vingt citoyens actifs d'un canton. Puis celle du 26 avril 1793 leur ordonna de quitter le territoire sous peine d'être transportés à la Guyane.

Avec l'arrivée de Fouché, la Révolution prit dans le département un caractère particulièrement antireligieux. Il se déclara envoyé par la Convention pour « substituer aux cultes superstitieux et hypocrites, auxquels le peuple tient tant encore malheureusement, celui de la République et de la morale universelle » (1).

Le mouvement de déchristianisation s'étendit à toutes les communes. Les prêtres constitutionnels ne furent alors pas mieux traités que les réfractaires et durent justifier de leur civisme.

Un décret de la Convention ordonna qu'il ne soit laissé qu'une seule cloche par commune et que les autres soient fondues.

Le 28 septembre 1793, à Vicq, Antoine Lesbre, d'Ebreuil, et Jacques Echégut, de Vicq, descendirent trois cloches sur les quatre qui se trouvaient dans le clocher; la plus grosse pesait 7 à 800 livres, la seconde 2 à 300 livres, la troisième 300 livres; la municipalité leur alloua 24 livres pour ce travail.

Le lendemain, 29 septembre, la municipalité de Saint-Bonnet-de-Rochefort chargea, moyennant la somme de 55 livres, Jacques Prophète, maréchal, et Antoine Paradis, de « la descente et la conduite des cloches » à Gannat.

Puis on supprima bientôt le culte complètement dans les églises qui furent fermées.

Le 10 frimaire an II, le Conseil général de la commune de Vicq décida de fermer l'église, après avoir procédé à l'inventaire « des ornements, linges, et de tout ce qui peut être en argent, etc. » pour être versé au district. Et, le 22 frimaire, à la suite d'un arrêté du Comité de surveillance du district, en date du 15 frimaire, la

(1) Louis Biernawski, Un département sous la Révolution française, *L'Allier de 1789 à l'an III*, p. 278.

municipalité brûla devant l'église les « images, statues, et tout ce qui porte l'empreinte de la superstition ».

Au 30 thermidor an II (17 août 1794), la commune d'Ebreuil jouissait de l'église de l'hôpital, qui servait à de nombreux usages. Le chœur était le temple de l'Être Suprême ; dans la sacristie était installée la maison commune. Dans une autre partie se trouvait une salle pour les écoles primaires. Le 19 fructidor, la Société populaire fut autorisée à tenir ses séances dans le chœur; il fut en outre décidé qu'une « maison de correction » pour les peines de police, infligées par la municipalité, serait organisée dans la chapelle de Saint-Martin.

Des arrêtés du représentant en mission ordonnèrent la démolition des clochers, dont les flèches élancées semblaient une injure à l'égalité. Le 24 prairial an II (12 juin 1794), la municipalité d'Ebreuil décida la démolition du clocher qui s'élevait sur le transept de l'église de l'hôpital. Il fut démoli jusqu'aux derniers cordons; les pierres et les matériaux furent jetés dans l'église par un trou pratiqué à la voûte.

Dans toutes les communes, les objets servant au culte furent versés au district s'ils avaient une valeur, sinon brûlés.

Furent versés au district pour être transmis à la Monnaie :

Ebreuil : 29 frimaire an II, deux calices avec leurs patènes, deux ciboires avec leurs couvercles, une custode d'argent doré, un ostensoir avec un croissant doré, un petit reliquaire orné de pierres, un porte-Dieu avec sa soucoupe, un autre porte-Dieu sans soucoupe, différents morceaux d'argent trouvés après un bras dit de saint Léger; transmis à la Monnaie, le 26 pluviôse an II ;

4 nivôse an II, le tout en cuivre jaune et rouge, six grands chandeliers, deux moyens, deux bras, vingt petits chandeliers avec deux bras ; une grande croix : six petites et une ronde ; un petit chandelier ; un bénitier ; un encensoir ; un goupillon ; une navette ; une clochette ; dix reliquaires, une croix ; un autre grand reliquaire en bois ; un autre en cuivre doré nommé Saint-Juste ; deux croix ; un bâton de croix ; deux chandeliers ; un encensoir ; une navette en cuivre argenté ; un pupitre avec un aigle dessus ; une lampe ;

Chouvigny : un calice et sa patène, un ciboire, un ostensoir, une custode pesant 6 marcs 2 onces ; transmis à la Monnaie, le 11 brumaire an III ;

Nades : deux calices et deux patènes, un ciboire, un soleil et une custode pesant 5 marcs ; transmis à la Monnaie, le 18 prairial an II ;

Saint-Bonnet-de-Rochefort : 20 frimaire an II, deux calices et deux patènes, un ostensoir, un ciboire et un porte-Dieu; transmis à la Monnaie, le 26 pluviôse an II ;

Sussat : un calice et sa patène, un ciboire, un soleil et une custode, pesant 3 marcs ; transmis à la Monnaie, le 18 prairial an II ;

Vicq : un calice et sa patène, un ciboire, un soleil et une custode, pesant 3 marcs 7 onces ; transmis à la Monnaie, le 18 prairial an II ;

Eglises du canton : galons en argent et partie en or, détachés des ornements qui ont été brûlés, pesant 28 marcs ; transmis à la Monnaie, le 18 prairial an II ; objets en argent, or, et galons, transmis à la Monnaie, le 11 brumaire an III.

Le 29 brumaire an II, le district ouvrit un registre pour recevoir les déclarations d'abdication de la qualité de prêtre. Le 10 frimaire, Gervais Alligier, curé de Saint-Bonnet-de-Rochefort, remit à la municipalité ses lettres de prêtrise. Le même jour, Randon, curé de Vicq, déposa également ses lettres de prêtrise et déclara résigner ses fonctions sacerdotales. Il fut suivi par un séminariste, Gilbert Méritel, qui déposa ses lettres de sous-diaconat et de tonsure.

Le calendrier lui-même fut sécularisé. Le dimanche fut remplacé par le décadi. Afin d'assurer le respect de ce jour, la municipalité de Vicq édicta, le 14 nivôse an II, une amende de 5 livres contre quiconque travaillerait le décadi, et de 10 livres contre quiconque ferait travailler.

A partir de pluviôse an II, Saint-Bonnet-de-Rochefort devint Roche-Libre ; le village de Sainte-Foy, commune d'Ebreuil, s'appela Vue-sur-Sioule.

En l'an III, plusieurs anciens ecclésiastiques résidaient à Ebreuil : Claude Bourgoing, pension de 1.000 livres ; François Gerle, pension de 800 livres ; Louis Barbat, ancien curé de Sussat, habitant au Chatelard, pension de 1.000 livres ; Gervais Pailet, 25 ans, séminariste, pension de 800 livres ; Jean-Baptiste Motet, ancien religieux de la Charité, pension de 1.000 livres ; Gilbert Juge, 53 ans, ex-bénédictin et chanoine de Verneuil, pension de 1.000 livres ; Alexandre de Saint-Quintin, 59 ans, ex-chanoine de Saint-Pierre de Mâcon, pension de 1.000 livres.

Le curé de Nades, Dalexandre, s'était retiré à Randan pendant la Terreur. Il revint à Nades et voulut y célébrer publiquement la messe le 11 messidor an III.

Le décret du 3 ventôse an III (21 février 1795), proclamant la liberté des cultes, eut pour conséquence la réapparition du culte public. Puis le décret du 1er prairial an III (20 mai 1795) rendit provisoirement aux communes les églises non aliénées « tant pour les assemblées ordonnées par la loi que pour l'exercice de leurs cultes » ; mais à une condition : « Nul ne pourra remplir le ministère d'aucun culte dans lesdits édifices, à moins qu'il ne se soit fait décerner acte, devant la municipalité du lieu où il voudra exercer, de sa soumission aux lois de la République. » La loi du 7 vendémiaire an IV exigea un serment plus strict.

Beaucoup de prêtres acceptèrent les conditions exigées, et au début de 1796, le culte public fonctionnait presque partout.

Le 15 messidor an III (3 juillet 1795), Louis Barbat, ancien curé de Sussat, résidant au Chatelard, déclara à la municipalité d'Ebreuil qu'il avait l'intention d'exercer le ministère de son culte et fit soumission d'obéir aux lois de la République. Le 21 messidor suivant, Bourgoing fit la même déclaration.

Ce n'était pas encore la paix religieuse.

Le 19 frimaire an IV (10 décembre 1795), un de ses membres ayant fait observer que dans plusieurs communes du canton, l'on sonnait la cloche pour avertir lorsque le ministre de la religion catholique allait officier, la municipalité, « considérant que la loi sur le libre exercice du culte dit très impérativement qu'il n'y aura aucun signe extérieur, que le son de la cloche est bien un signe extérieur puisqu'il sert à faire assembler les habitants de la commune, considérant que c'est un abus qu'il devient urgent de faire cesser pour empêcher le fanatisme de profiter des esprits crédules et faciles à séduire », interdit la sonnerie des cloches.

Le 8 germinal an IV, neuf prêtres résidaient dans le canton ; tous avaient fait leur soumission.

La loi du 19 fructidor an V remplaça le serment de soumission aux lois par celui-ci : « Je jure haine à la royauté et à l'anarchie, attachement et fidélité à la République et à la Constitution de l'an III. » Pie VI condamna ce serment.

Lorsque cette loi parut, Claude Bourgoing, tout en résidant encore à Ebreuil, n'y exerçait plus le culte. Seuls l'exerçaient Louis Bardoux à Saint-Bonnet-de-Rochefort, Louis Barbat à Sussat, Quinery à Vicq. Bardoux prêta le nouveau serment, le 29 fructidor an V ; Barbat, le 1er vendémiaire an VI ; Quinery cessa ses fonctions.

Le 9 floréal an VI, François Gerle prêta le serment pour exercer le culte à Ebreuil.

La réorganisation officielle du culte eut lieu à la suite du Concordat du 26 messidor an IX (15 juillet 1801) (1).

(1) Abbé Clément, Le personnel concordataire, *Bulletin de la Société d'Émulation du Bourbonnais*, années 1902-1903.

Le diocèse de Moulins fut supprimé et rattaché à celui de Clermont-Ferrand. Chaque commune du canton fut maintenue comme paroisse.

A cette date, le culte était exercé : à *Ebreuil*, par François Gerle et par Antoine Farge, ce dernier nommé par l'évêque et assisté de son oncle Jean Farge (1) ;

A *Chouvigny*, par Leclache, fidèle, et André Suquet, constitutionnel (2) ;

A *Lalizolle*, par Parrin jeune et Jean-Claude Laboureix (3) ;

A *Nades*, par Dalexandre (4) ;

A *Saint-Bonnet-de-Rochefort*, par Gabriel Guyot, et un prêtre constitutionnel, venu depuis peu, ordonné par Perrier, évêque constitutionnel de Clermont (5) ;

A *Sussat*, par Barbat et Bargeon, ce dernier insermenté (6) ;

A *Vicq*, par Claude Quinery (7).

Bourgoing avait quitté Ebreuil et était installé comme instituteur au Vernet-sur-Ecole (8).

Alligier, ancien curé de Saint-Bonnet-de-Rochefort, était retiré à Clermont ; et Randon, ancien curé de Vicq, à Mansat.

Certains habitants d'Ebreuil présentèrent à l'évêque une requête demandant comme curé l'abbé de Chauvigny.

« Lettre adressée par les habitants de la paroisse d'Ebreuil, en 1802, à Mgr de Dampierre :

(1) Gerle ne fut pas replacé dans le personnel concordataire. Il continua de résider à Ebreuil, où il mourut le 12 mars 1809. — Antoine Farge, originaire de Manglieu, fidèle, 50 ans, ancien curé de Saint-Agoulin. — Jean Farge, né à Thiers, le 7 juillet 1749, assermenté et réintégré, ancien chanoine de Saint-Jean-d'Aigueperse, titulaire d'une pension de 631 francs ; décédé à Ebreuil le 15 pluviôse an XIII.

(2) Leclache était âgé de 87 ans.

(3) Parrin, originaire de Montaigut. — Laboureix résidait à Ebreuil, ancien chanoine de Bourbon-l'Archambault, assermenté, puis réintégré, il avait des pouvoirs très étendus.

(4) Dalexandre avait rétracté son serment le 8 messidor an V.

(5) Le culte était exercé au château de Rochefort, chez Mme veuve du Ligondes, par Guyot, ancien curé de Saint-Genet-du-Retz. Originaire de Saint-Gervais, il était âgé de 49 ans. Il n'avait prêté aucun serment et avait été déporté.

(6) Bargeon fut nommé desservant de Mariol et de Saint-Yorre.

(7) Ancien chanoine de Cusset, assermenté et réintégré. Il fut nommé desservant d'Avrilly.

(8) Bourgoing avait rétracté son serment. Il fut nommé curé de Brout et du Vernet-sur-Ecole, le 26 vendémiaire an XI.

« **Monsieur,**

« Depuis trop longtemps nous gémissons sous le poids de l'anarchie ecclésiastique. La différence des opinions religieuses pour l'exercice du culte catholique, l'immoralité de certains ministres qui se sont immiscés dans l'exercice de ce même culte, la crainte de s'exposer au danger de participer à des hérésies : tous ces motifs nous ont éloignés des temples et nous font sentir plus que jamais le besoin d'avoir un ministre légal, contre lequel il ne s'élève aucun reproche fondé, qui soit entièrement pénétré de la dignité de ses fonctions et qui joigne l'exemple au précepte. S'il nous était permis d'intervenir dans votre sollicitude paternelle pour donner de bons pasteurs aux fidèles dont la garde vous est confiée, et de vous manifester notre vœu, nous vous prierions de jeter avec nous un regard sur l'abbé Chauvigny, demeurant au Vivier, de la commune de Saint-Gal. Nous savons qu'il est doué des qualités essentielles que doit avoir un bon ministre. Nous pouvons d'autant moins l'ignorer qu'il est notre voisin et que nous avons toujours été à même de l'observer. Si votre choix pouvait s'accorder avec notre vœu, nous osons espérer que le ministre que nous vous demandons justifiera pleinement par sa conduite votre suffrage et le nôtre.

« Salut et respect.

« **A Monsieur l'évêque de Clermont.** »

(Suivent 50 signatures parmi lesquelles six du nom de Labussière (1).)

L'évêque ne voulut pas déplacer Farge qui était déjà en fonctions, et c'est celui-ci qui fut nommé curé d'Ebreuil le 26 vendémiaire au XI (19 octobre 1802).

Par le même décret furent nommés desservants dans les autres paroisses : André Suquet, à Chouvigny; Jacques-Claude Laboureix, à Lalizolle; Joseph-Anne Dalexandre, à Nades; Gervais Alligier, à Saint-Bonnet-de-Rochefort; Louis Barbat, à Sussat et Veauce; Brun, à Vicq (2).

Vente des biens ecclésiastiques. — I *Meubles.* — Linges et orne-

______

(1) Gilbert de Chauvigny de Blot, fils de Louis de Chauvigny de Blot et de Marie-Marguerite de Champs; ancien vicaire général de Lombez; prêtre insermenté. En l'an IX, il était réfugié au château du Vivier, commune de Saint-Gal (Puy-de-Dôme). Il avait 39 ans. Il fut nommé curé à Besson, à Bayet, puis à Agonges, où il resta de 1803 à 1820. A cette date, il alla au Palais royal, en qualité d'aumônier d'une des princesses.

(2) Le 18 mai 1803, Brun fut remplacé à Vicq par Doulcet, originaire de Clermont-Ferrand.

ments des églises du canton; 26 et 27 floréal an II; estimation, 1.493 livres; produit : 4.699 livres; acheteurs : Etienne Avat, Louis Ballet, Nicolas-François Ballet, la domestique de Nicolas-François Ballet, Antoine Berrier, Jean Bouchet, Etienne Bouquerot, François Chalieux, Gilbert Chardonnet, Jean Chassaing, François Chateau, Jean Chateau, Pierre Conchon, Gauthier, notaire public, Claire Glachet, Jean Glachet, Marie Labussière femme Gorce, Antoine Guyot fils, Jacques Guyot, Charles Juniet, Jean Labussière, Joseph Labussière, Antoine Marien-Lesbre, Jean Marceau, Antoine Marcoux, Antoine Marcoux fils, Louis Marcoux, Antoine Pailet père, Antoine Pailet fils, Gervais Pailet, Claude Pellissier, Charles Pellisson, Claudine Barthélemy veuve Péronnet, Claude Pitat, Edouard Potrolot de Grillon, Claude Pouzadoux, Philippe Provost, la femme de Claude Ronfet, Jean Rousseau, Jean Roussel, Gilbert Sabatier, la femme de Gilbert Sabatier, Amable Testard, Louis Vestizon, Amable Villiet.

II. *Immeubles*. — *Ebreuil*. — Biens dépendant de la cure; 17 octobre 1793 : 1° vigne de deux œuvres, à Villeneuve, terroir des Vignes du Chemin, estimée 220 livres; 2° terre de deux quartelées, terroir de la Ronzière, estimée 264 livres; 3° terre de six coupes, terroir de la Côte Saint-François, estimée 110 livres; 4° terre de dix coupes, terroir du Marais, estimée 264 livres; acquéreurs : Nicolas-François Ballet et Antoine Fanget, moyennant 3.000 livres.

Biens dépendant de la vicairie; 18 messidor an IV; une petite maison à Ebreuil, louée à Boisy, armurier, consistant en une chambre au rez-de-chaussée, une autre au premier, et un grenier au-dessus, large de 12 pieds sur 15 de long, couverte en appentis à tuiles creuses; acquéreur, Simon Emelin, demeurant à Lalizolle, moyennant 360 livres.

Biens dépendant de la fabrique; 12 septembre 1793 : une terre, autrefois vigne, de trois quartelées, terroir de Riboussard, estimée 200 livres; acquéreur : Jean Coulange, demeurant à Ebreuil, moyennant 1.250 livres.

Église; l'église Notre-Dame, ancienne église paroissiale, avait été transformée en halle aux blés. Par arrêté du 26 brumaire an III, le représentant du peuple Boisset en fit don à la commune. Néanmoins, le 1ᵉʳ prairial an IV, Benoît Lamiral, horloger à Moulins, soumissionna pour l'acquérir.

Dès qu'ils eurent connaissance de cette soumission, les habitants de la commune et même ceux du canton se plaignirent vivement. Par délibération du 3 prairial, la municipalité sollicita du corps législatif la suspension de la vente, puis le 19 prairial, elle demanda à être subrogée au soumissionnaire.

7

On passa outre. Le 9 messidor an IV, l'église fut vendue à Lamiral, moyennant 2.016 livres.

Celui-ci proposa alors, le 29 messidor, à la municipalité, de lui céder ses droits ; mais pendant qu'on demandait la marche à suivre au ministère de Finances, il les céda à Rozier, qui, le 30 fructidor, offrit de laisser le bâtiment comme halle aux blés à condition qu'il en percevrait la ferme.

Un arrêté du département, du 5 brumaire an V, annula la vente faite à Lamiral. La municipalité, redevenue propriétaire, fit démolir le campanile qui s'élevait sur le toit et l'escalier qui y conduisait. Lamiral n'accepta pas cette solution. Il partit pour Paris afin de faire rapporter la donation de l'église et reconnaître la vente faite à son profit.

Le 28 ventôse an VII, il revendiquait encore sa propriété ; mais pour concilier sa demande avec le vœu des habitants, il proposait un arrangement, avant de faire de nouvelles démarches en vue de faire annuler la donation. Il ne demandait que le remboursement de ses frais et avances d'adjudication. Pour mettre fin aux difficultés, la municipalité accepta et lui donna satisfaction.

Chapelle de Sainte-Foy, 6 messidor an II ; estimée 200 livres ; acquéreur : Antoine Pailet, moyennant 370 livres.

Chouvigny. — Biens dépendant de la cure ; 7 février 1792 : 1° le pré de la cure ; 2° diverses vignes et chenevières ; 3° l'emplacement d'une petite maison et masure ; acquéreur : Gilbert Chapuzet, moyennant 2.900 livres ;

28 fructidor an IV, la maison curiale, un jardin et une autre terre d'environ huit boisselées ; acquéreur : Antoine Cante, demeurant à Chouvigny, le tout pour 470 livres ;

9 germinal an VII ; l'église ; acquéreur : Pierre Bohat, notaire, pour le compte de Gilbert Chapuzet, moyennant 31.000 livres (valeur en assignats).

Lalizolle. — Biens dépendant de la cure ; 4 mai 1891 :

1° Le pré Vallé, Henry Vivier, demeurant à Lalizolle, pour 620 livres ;

2° Le pré appelé champ Goumy, à Jean Vivier, demeurant à Lalizolle, pour 2.445 livres ;

3° Le pré de la Seigne, à Jean Vivier, l'aîné, pour 650 livres ;

4° Le pré appelé côte Chatel, à Jean Vivier, pour 530 livres ;

5° Deux vignes situées à Chouvigny, à Antoine Cante dit la Mariote, demeurant à Servant, pour 625 livres ;

6° Un paturail de trois sétérées, à Emelin, maire de Lalizolle, pour 1.986 livres.

Biens dépendant de la fabrique ; 12 septembre 1793 :

1° Un pré dit pré de l'église, à faire environ 10 quintaux de foin, estimé 240 livres, à Antoine Suchet pour 1.000 livres ;

2° Un bois taillis essence de chêne, de dix sétérées, dont quatre défrichées, estimé 600 livres ;

3° Dix coupelées de terre près du bourg, estimées 40 livres ; acquéreur de ces deux lots, Simon Emelin, pour 2.400 livres ;

15 fructictor an IV ; la maison curiale, composée de quatre pièces ; un autre bâtiment appelé l'ancienne cure, un enclos attenant audit bâtiment, etc., acquéreur Jean Vivier, demeurant à Lalizolle, pour 3.120 livres.

Nades. — Biens dépendant de la cure ; 4 mai 1791 ; le pré de la cure, le champ du Lizoux, le pré Fontbonne, et plusieurs autres terres ; acquéreur, Delarue, de Nades, pour 5.180 livres ;

4 thermidor an IV ; la maison curiale, deux petits jardins : acquéreur, Delarue, pour 670 livres.

Biens dépendant de la fabrique ; 12 septembre 1793 :

1° Trois quartelées de pré, estimées 600 livres ;

2° Trois quartelées de pré, estimées 800 livres ; acquéreur, Antoine Cante, demeurant à Nades, pour 2.100 livres.

Saint-Bonnet-de-Rochefort. — Biens dépendant de la cure ; 21 janvier 1791 :

1° Une sétérée de terre en pré ; acquéreur, Alligier, curé, pour 1330 livres ;

2° Six autres lots, acquéreur, Barthélemy Montgond, pour 6.064 livres ;

7 germinal an III, une terre appelée Létang, d'environ 584 toises, estimée 600 livres, à Barthélemy Montgond, pour 620 livres ;

12 thermidor an IV, la maison ci-devant presbytériale et un terrain appelé l'ancien cimetière, à Jean Luquet demeurant à Saint-Bonnet-de-Rochefort, pour 1.070 livres ;

Biens dépendant de la fabrique ; 12 septembre 1793 ; l'église ; une chapelle appelée La Chapt ; une petite maison à côté, cave, etc., le tout estimé 100 livres ; acquéreur, Charles Sancelme, pour 2775 livres.

Sussat. — Biens dépendant de la cure ; 20 septembre 1791 :

1° Une terre d'environ six coupées près le jardin du presbytère ;

2° Un pré appelé le pré du Rif ;

3° Une coupelée de terre sous l'église ;

4° Une quartelée de terre au terrain du champ Perrin ;

5° Une quartelée dans le champ Lavigne ;

6° Une sétérée de terre au terroir de Font Saint-Jean appelée la Font de la Paille ;

7° Une vigne appelée le Chezel ;

8° Une vigne appelée la Giraudette ; neuf autres petits lots ; le tout estimé 2.673 livres ; acquéreur, Henry Jouandon, demeurant au Chatelard, pour 7.000 livres ;

3 thermidor an IV : la maison curiale, plus un jardin ; acquéreur, Antoine Boirot, demeurant à Veauce, pour 1.300 livres ;

L'église : acquéreur, Barbat, curé, pour 2.000 livres ;

Vicq. — Biens dépendant de la cure ; 11 février 1792 : 21 lots, estimés 3.542 livres ; acquéreur, Laplanche fils, pour 12.000 livres ;

18 messidor an IV : la maison ci-devant presbytériale, et une pièce de terre la joignant ; acquéreur, Jean-Baptiste Secretain, demeurant à Bellenaves, pour 1.644 livres ;

7 therminor an IV ; l'église ; acquéreur, Pierre Claude Papon demeurant à Vicq, pour 784 livres ;

Biens dépendant de la fabrique ; 12 septembre 1793 :

1° Une coupelée de terre au terroir de Roussat, estimée 25 livres ;

2° Deux coupelées de terre au même terroir, estimées 50 livres ;

3° Une coupelée de terre au même terroir, estimée 25 livres ; acquéreur des trois lots, Edouard de Grillon, demeurant à Ebreuil pour 600 livres.

VII

L'hôpital d'Ebreuil.

En 1789, l'hôpital d'Ebreuil était prospère, et ses ressources annuelles dépassaient 18.000 livres (1).

Il était administré par une communauté de frères de Saint-Jean de Dieu, ordre de la Charité, composée des frères : Felix Duflox, 61 ans, prieur ; Venant Sauvage, 40 ans, remplissant les fonctions de médecin, chirurgien, apothicaire ; Eloi Janvier Thiénot, 72 ans ; Jean-Baptiste-Henri Motet, 50 ans. Un autre religieux prêtre, Depert, était attaché à l'établissement en qualité d'aumônier.

Le décret du 2 novembre 1789, nationalisant les biens ecclésiastiques, atteignit cet établissement. Toutefois la loi des 25 octobre-5 novembre 1789 ajournait la question de savoir si l'on déclarerait biens nationaux « les biens des hôpitaux, maisons de charité, et autres établissements destinés au soulagement des pauvres ».

Les diverses opérations d'inventaire eurent lieu le 15 mars 1790 par les officiers municipaux.

(1) L'hôpital d'Ebreuil fut créé en 1765 ; voir « Fondation de l'hôpital d'Ebreuil », *Bulletin de la Société d'Emulation du Bourbonnais*, 1905.

L'Assemblée nationale déclara en outre ne plus reconnaître les vœux religieux, et vouloir suppléer aux biens monastiques par des pensions. Dans les établissements charitables le service des malades ainsi que l'administration des biens furent laissés aux mêmes personnes, mais à titre individuel, sous la surveillance des corps municipaux.

Un décret du 13 février 1790 décida que « tous les individus de l'un et de l'autre sexe, existant dans les monastères et maisons religieuses, pourront en sortir, en faisant leurs déclaration devant la municipalité du lieu, et il serait pourvu incessamment à leur sort par une pension convenable ». Conformément à cette disposition, le 1er juin 1791, Henri Motet vint déclarer à la municipalité qu'il désirait « jouir des droits que lui donnait la Constitution, que son intention réelle et sincère était de quitter l'hôpital et son état religieux pour vivre en son particulier ».

Le lendemain, 2 juin, Janvier Thiénot vint faire la même déclaration. Ils restèrent cependant à l'hôpital jusqu'au 11 octobre suivant ; à cette date, ils quittèrent définitivement la maison, en emportant ainsi que la loi le leur permettait, les meubles qui garnissaient leurs chambres.

Motet se retira à Ebreuil. L'État cessa dans la suite de lui payer sa pension, et il se trouva sans ressources. En frimaire an V, il demanda à l'administration de l'hospice de l'admettre comme infirmier. Celle-ci refusa, mais, en raison ds son extrême détresse et de sa faible santé, elle décida de lui donner une livre de pain par jour et cinq livres de viande par décade.

Le 5 octobre 1791, les deux autres religieux, Duflox et Sauvage, vinrent à leur tour déclarer qu'ils renonçaient à la vie monastique et désiraient reprendre leur liberté. Ils restèrent toutefois à l'hôpital et continuèrent de soigner les malades.

Si, en 1791, les charitains se préparaient ainsi à partir, c'est qu'ils y étaient peut-être contraints par la crise financière dont souffrait alors l'établissement.

En 1789, les recettes furent de 16.438 livres, mais l'année suivante elles subirent une diminution. Beaucoup refusèrent de payer les droits qu'ils devaient encore, certains même allèrent jusqu'à refuser la dîme. Aussi en 1790, les recettes ne produisirent que 11.750 livres.

A partir du 1er janvier 1791, les dîmes furent supprimées. Or, elles occupaient une place importante dans les ressources de l'hôpital. En 1781, les recettes ne furent plus que de 8.465 livres. Pour donner un exemple de cette brusque diminution de revenus cette année-là, il suffit de citer la ferme de Montfermy, qui rapportait

3.200 livres en 1789 et ne produisit que 973 livres en 1791.

Il ne restait plus à l'hôpital que le revenu de ses biens fonciers ; encore ceux-ci avaient-ils à souffrir de nombreuses déprédations que la police rurale était impuissante à empêcher.

Les charges de l'établissement étaient cependant aussi lourdes. Les malheureux vinrent y demander des soins en aussi grand nombre qu'auparavant. En 1789, il y entra 110 malades ; en 1790, 103 ; en 1791, 107.

Il fallut réduire les dépenses, il fallut même faire des prodiges d'économie pour ne pas amener un déficit trop grand. En 1789, les dépenses furent de 13.969 livres ; en 1.790, de 11 952 livres ; en 1791, de 9.590 livres.

Au commencement de 1792, les deux religieux, qui restaient encore chargés de l'administration de l'hôpital, adressèrent une pétition à l'administration du département pour demander la mise en régie de l'établissement ; la Nation et la municipalité prendraient ses revenus et se chargeraient de son entretien.

La municipalité, appelée à donner son avis sur cette requête, s'empressa de proclamer l'utilité et même la nécessité de l'hôpital ; elle fut d'avis que la Nation prenne l'administration des revenus et fasse un fonds pour l'entretien de l'établissement. A cette époque, les charitains estimaient les dépenses quotidiennes à 25 sols par malade ou par domestique. Il fallait en outre 300 livres par an pour le cheval qui servait aux courses du dehors. Ce projet n'aboutit pas.

L'hôpital ne recevait que des hommes. En mars 1792, Claude Pitat, officier de santé à Ebreuil, demanda à la municipalité que 4 des 10 lits soient mis à la déposition des femmes. On remit cette réforme à plus tard.

Des démêlés surgirent alors entre les charitains et la population à propos du transport, à Gannat, de vases sacrés, d'ornements et d'objets qui se trouvaient dans l'église de l'hôpital, dont la population rendit responsables Duflox et Sauvage, le 26 avril 1792 (1).

Sauvage, qui était à Gannat pour négocier la restitution de ces objets, reçut, le 27 avril, l'avertissement que s'il revenait à Ebreuil ou lui couperait la tête. Il écrivit donc au directoire du district : « Je déclare à Messieurs les administrateurs du district que craignant pour ma vie d'après les menaces qui m'ont été faites, je ne puis me déterminer à retourner à l'hôpital d'Ebreuil. A Gannat, ce 28 avril 1792, l'an IV de la liberté. Sauvage ».

Le directoire du district chargea Pitat d'assurer provisoirement

(1) Voir p. 65.

le service médical de l'hôpital sous l'inspection de Joseph-Auguste Lucas, docteur en médecine à Gannat. Lucas et Pitat procédèrent aussitôt à l'inventaire de la pharmacie qu'ils trouvèrent complètement vide.

Un appartement dans l'établissement fut attribué à Pitat.

Duflox effrayé également quitta l'hôpital le 28 avril. Duflox et Sauvage se fixèrent alors à Gannat.

Il ne restait plus personne pour administrer les biens de l'hôpital et soigner les malades. Cet établissement ne pouvait rester ainsi abandonné. Le 28 avril, le directoire du district en confia l'administration provisoire à la municipalité. Celle-ci nomma une commission : un tiers des officiers municipaux et le maire formaient le bureau, Lesbre, Mathieu Chesmier, Henry Jouandon ; les autres deux tiers formaient le conseil, Pierre Conchon, Antoine Méténier, Gilbert-Michel Juge.

Cette commission organisa aussitôt l'administration intérieure. Le jardinier et la cuisinière furent maintenus dans leurs fonctions ; le garçon de salle devint infirmier et fut chargé des soins aux malades. Chesmier et Jouandon reçurent mission de surveiller les dépenses.

Les charitains étaient tenus de visiter les malades dans les campagnes ; la municipalité ne voulut pas que ce secours vint à manquer à tant de malheureux ; elle décida que le chirurgien de l'hôpital irait soigner chez eux les indigents qui ne pourraient avoir un lit dans la maison. Pour le rétribuer de ce service pénible, surtout à cette époque, elle lui abandonna l'usage du jardin, à condition toutefois qu'il fournirait les légumes nécessaires à l'établissement.

A cette date, les revenus étaient faibles, les dépenses nombreuses il était difficile d'équilibrer le budget.

En juillet 1792, la commission administrative crut devoir examiner en détail les comptes intérieurs de l'établissement. Le blanchissage et le raccommodage coûtaient 60 livres. Le linge manquait et il était urgent de s'en procurer du neuf. Pour la nourriture, on achetait six livres de viande de boucherie par semaine, dix quartes de froment par mois, quatre livres de beurre, trois douzaines d'œufs, deux livres d'huile de noix, une livre de fromage, trois livres de sel, deux livres de chandelles par semaine ; quatre poinçons de vin par an.

Enfin s'ajoutaient encore 260 livres de bois de brûle par an, 600 livres de drogues pour les malades ou les pauvres du dehors, 100 livres pour l'entretien du bâtiment, et 60 livres pour un garde forestier ;

Il trouva qu'il serait [illegible] nécessaire pour faire ces [illegible] dépenses. En mai 179., il commença par vendre [illegible] cheval à [illegible] vente de produits de [illegible].

Puis en juin, il afferma à [illegible] 2.. livres [illegible]. les deux [illegible] qui [illegible] aucune [illegible] par une [illegible].

Il donna également l'adjudication de la coupe des bois de [illegible] et de Saint-Martin.

En septembre, on tenta d'affermer le jardin attenant à la maison. Mais, on en avait la jouissance depuis [illegible]. On [illegible] renvoya au directoire du district, qui porta l'affaire au directoire du département. Le .. février 179., celui-ci fixa le traitement du médecin à 300 livres par an, avec le logement dans la maison, mais rendit à la municipalité la libre disposition du jardin et de la grange.

Le jardin fut afferme 45 livres par an à Nicolas-François [illegible], sous condition de fournir les légumes nécessaires aux malades.

Plusieurs chambres furent louées également. La municipalité installa l'instituteur au second étage.

En décembre 179., le département accorda à l'hôpital un secours de 2.000 livres, sur lesquelles un acompte de 500 livres fut versé en février suivant afin d'obvier à sa grande détresse.

On vendit enfin les cuves, poinçons, futailles, charrettes et autres ustensiles qui servaient à l'exploitation des dîmes, 200 pots ou caisses d'orangers, de citronniers, de myrtes, lauriers et autres arbustes. On congédia le jardinier devenu inutile.

La loi du 19 mars 1793 déclara que l'assistance des pauvres était une dette nationale et ordonna que les biens des hôpitaux « seraient vendus ». Ils devinrent ainsi définitivement biens nationaux.

Le 13 septembre 1793, Mathieu Rozier, administrateur du district, vint, à la demande de la municipalité, lever les scellés apposés sur les appartements de l'hôpital où se trouvaient les papiers relatifs aux droits féodaux. Il retira du cabinet des archives ces divers papiers, qui furent brûlés dans la cour, en présence des citoyens convoqués au son du tambour.

Le 21 ventôse an II, le directoire du district chargea Rozier, alors juge de paix, de vendre les meubles inutiles de l'hôpital. Le 9 germinal, celui-ci retira l'argenterie, les cuivres et les fers de la maison, estimés 1.000 livres, et ceux de l'église, estimés 3.000 livres, pour les verser au district.

Les ornements et linges de l'église furent dégalonnés et vendus avec ceux des autres églises du canton.

Les 11 et 12 floréal, Rozier vendit des meubles de toute espèce : linges, rideaux, armoires, lits, tables, faïences, etc. Cette vente [illegible] 1792 [illegible] bois. Les acquéreurs furent Étienne [illegible], Thomas-François Bailet, Louis Barbat, Antoine Bernier, Boiron le [illegible], Louis le Bosredon, Jean Bonnet, Étienne Bouguerot, Gilbert Chartonnet, Jean Chassaing, François Chateau, [illegible] Chesnier [illegible], Pierre [illegible], Antoine Delarte fils, Annet Ernard, Antoine [illegible], Gaspard Faussier, Jean [illegible], Antoine Gavot fils, Jacques Gavot, Jean [illegible], Charles [illegible], Jean Lamessier, Joseph Lamessier, Louis Lamessier, Antoine Marien [illegible], Pierre Marroux, le Maurien [illegible], Antoine Meesner, Gilbert Meurdefroy, Antoine Payre fils, Joseph Payre, Claude Pélissier, Louis Pelisson aîné, [illegible] Pelisson jeune, veuve Péronne, Claude Pital, Édouard Potrolot de Grillon, François Ramuszon, [illegible] Roussel, Gabriel Rousse, Jean Rousse, Louis Vesizon, Amable Villet, François Vivier.

Enfin, on vendit les immeubles :

27 ventôse an II, une partie des bois de Grandva et de La Chapelle Saint-Martin (Grandva 25 arpents 52 perches en haute futaie, 60 arpents 120 perches en taillis ; La Chapelle Saint-Martin, 3 arpents en haute futaie, 9 arpents en taillis) ; acquéreur, Saint-Quintin, moyennant 7.500 livres ;

29 ventôse an II, les biens situés à Saint-Genès-du-Retz (maison, grange, jardin, chenevière, terre et pré, 4 séterées), d'un revenu de 190 livres en 1790 ; acquéreurs, divers particuliers, pour 12.960 livres ;

1er fructidor an II : une terre de 4 séterées, située à Poëzal ; acquéreur, Claude Lavadoux, demeurant à la Toulenne, pour 5.000 livres ;

7 pluviôse an III : les biens de Verghéas (un pré et une terre, d'une contenance de 10 arpents) d'un revenu de 240 livres en 1790 ; acquéreur, Annet Roudaire, pour 33.625 livres (valeur en assignats) ;

27 ventôse an III : biens situés à Ébreuil :

1er lot, le jardin du faubourg, 1 quartelée, estimé 720 livres ; à Gilbert Meurdefroy, pour 7.000 livres ;

2e lot, le jardin Forissier, 1 quartelée, affermé à Pierre Montel 48 livres, estimé 960 livres ; à Pierre Montel, pour 10.000 livres ;

3e lot, le pré-bateau, 6 quartelées, affermé à Etienne Vacher 300 livres, estimé 5.200 livres ; à Edouard Potrolot de Grillon, pour 21.900 livres ;

4e lot, une vigne, appelée la Vigne noire, de 30 œuvres, estimée 6.100 livres ; à Claude Pélissier, pour 31.000 livres ;

5e et dernier lot, une vigne appelée la Doyenne, de 12 œuvres, estimée 4.100 livres, à Gaspard Faussier, pour 16.200 livres.

29 **ventôse an III** : 1ᵉʳ lot, une terre de 10 quartelées, située au terroir de Beaudéduit, une terre de 2 quartelées, située au terroir de Vozelle, une terre de 3 coupes au même terroir, une terre de 1 séterée au même terroir ; le tout estimé 2.000 livres ; acquéreur, Nicolas-François Ballet, pour 12.000 livres ;

2ᵉ lot, une terre de trois quartelées au terroir de Chirol, une terre d'une quartelée au terroir du Coing-Grolard ou Bagnol ; les deux estimées 400 livres ; acquéreur, Nicolas François Ballet, pour 5.500 livres.

Le total de ces diverses ventes produisit 28.000 livres en numéraires et 156.725 livres en assignats. Ces sommes furent versées à l'administration centrale.

A cette époque, l'hôpital de la Charité changea de nom et devint hospice civil. Il ne lui restait plus que quelques biens, qui n'avaient pu être vendus, quelques arpents de bois à Grandval, à Saint-Martin, à Vialleix, et à Montfermy, quelques bâtiments attenant à l'établissement, quelques champs.

Encore ne garda-t-il pas longtemps ces faibles ressources, car la loi du 23 messidor an II dépouilla les établissements hospitaliers de l'administration de leurs biens et de la perception de de leurs rentes et revenus.

L'hospice se trouva alors absolument sans ressources, et ne put subvenir aux besoins et à l'entretien de ses malades qu'avec les aumônes de quelques personnes charitables. Du reste, le nombre des malades qui y furent admis diminua dans de grandes proportions : si, en 1792, il y entra encore 109 malades, il n'y en entra que 60 en 1793, 21 en l'an II, 18 en l'an III, 18 également en l'an IV.

L'immeuble lui-même était distrait de sa destination. Le 24 thermidor an II, la Société populaire invita la municipalité à faire débarrasser la salle des malades pour y installer l'instituteur. Un officier municipal fit observer que l'hôpital n'avait pas été supprimé, qu'en conséquence on ne pouvait le faire disparaître et s'emparer de la salle où il y avait encore trois malades et où d'autres pouvaient venir. On décida de consulter le district.

Le 23 vendémiaire an III, la municipalité logea dans les chambres du second étage 25 déserteurs autrichiens envoyés en garnison à Ebreuil.

Enfin, deux arrêtés du représentant du peuple Boisset, en date des 26 et 29 brumaire an III, attribuèrent, à titre de don de la Nation, à la commune la propriété de la maison de l'hospice, de son église, pourtour et dépendances pour y installer ses divers services.

L'hospice était condamné à disparaître.

Une loi du 9 fructidor an III suspendit trop tard la vente des biens nationaux. Une autre loi du 2 brumaire an IV rendit aux hôpitaux les revenus des biens qui n'étaient pas vendus et suspendit l'exécution du décret de messidor an II.

La municipalité reprit alors l'administration de l'hospice jusqu'au jour où parut la loi du 16 vendémiaire an V qui reconnut définitivement l'existence des établissements de charité et réglementa leur administration.

Elle donna aux municipalités la surveillance immédiate des hospices établis dans leur circonscription. Celles-ci devaient nommer une commission de cinq membres résidant dans le canton.

Le 5 brumaire an V, la municipalité d'Ebreuil désigna comme administrateurs Papon-Beaurepaire, de Vicq ; Jouandon, juge de paix, Chesmier aîné, Ouradoux Vernignes, Gabriel Courtaurel de Montclard aîné, d'Ebreuil. Cette commission nomma Papon-Beaurepaire président.

A la nouvelle administration incombait la mission difficile de mettre de l'ordre dans les finances de l'établissement et de les rendre un peu plus prospères.

La situation était alors des plus précaires; les bâtiments tombaient en ruine, et il n'y avait pas d'argent pour les réparer ; les malades manquaient du nécessaire et ne vivaient que d'aumônes.

Au 15 nivôse an V. l'hospice devait 2.110 livres 13 sols ; il fallut faire des réparations urgentes, exactement pour 2127 livres 10 sols, et acheter du linge pour 2879 livres. Depuis plusieurs années, l'officier de santé, l'infirmier, et même le barbier n'avaient pas été payés. Cet établissement était « plus pauvre que les malheureux qui lui demandaient la charité ».

Le 9 brumaire an VI, Papon-Beaurepaire et Courtaurel ayant démissionné, ils furent remplacés par Lesbre notaire, et Berrier greffier.

Quelques mois plus tard, Chesmier remplaça Pitat comme président de la municipalité, et Lesbre fut nommé agent de la commune d'Ebreuil. Ils furent remplacés, le 1er brumaire an VII, par Nicolas François Ballet et Conchon. Ce dernier ayant été élu, le 24 brumaire, agent de la commune de Vicq, Jacques Fourgerel fut nommé à sa place.

Pendant cette période, les ressources de l'hospice furent encore bien faibles. Elles consistaient en revenus de quelques morceaux de terre et d'une partie du bâtiment. En l'an VII, ils pouvaient atteindre 2.000 livres. C'est à peine si l'on pouvait entretenir les malades convenablement. Malgré cela les lits étaient toujours occupés ; on dut prendre nn second infirmier.

Pendant les années V, VI, VII, les dépenses dépassèrent toujours les recettes ; ce n'est qu'en l'an VIII que l'hospice commença à avoir un léger excédent dans son budget.

VIII

Les émigrés. — Vente de leurs biens.

Dès 1790, quelques nobles mécontents de la disparition de leurs privilèges quittèrent la France et donnèrent le signal de l'émigration. Mais, en 1791, surtout après la suspension du Roi, le mouvement se généralisa. Ces émigrés se réunirent à Coblentz sous les ordres du prince de Condé et négocièrent avec les puissances étrangères pour envahir la France.

L'Assemblée constituante dut prendre alors des mesures contre eux : 1° interdiction à quiconque de sortir du royaume (28 juin 1791) ; 2° triple imposition sur les émigrés qui ne seraient pas rentrés dans le délai d'un mois (9 juillet 1791, décret rapporté le 14 septembre suivant).

Puis le 9 novembre 1791, l'Assemblée législative déclara « les Français rassemblés au delà des frontières du royaume suspects de conjuration contre la patrie » et leur donna juqu'au 1er janvier 1792 pour se disperser.

Ces mesures ne suffisant pas et l'armée de Condé menaçant toujours notre frontière, elle plaça, le 9 février 1792, les biens des émigrés sous la main de la Nation ; en ordonna, le 8 avril, le séquestre, le 2 septembre suivant, la confiscation et la mise en vente.

La Convention prit des mesures plus sévères encore contre les émigrés ; elle les frappa dans leurs personnes. « Tous les émigrés sont bannis à perpétuité ; ceux qui rentreront seront punis de mort. » (28 octobre 1792). « Tous les émigrés sont considérés comme morts civilement à dater du 9 mai 1792). » (28 mars 1793).

La Terreur les frappa jusque dans leurs familles : les femmes, filles, pères et mères d'émigrés, et en outre tous ceux qui leur donneraient asile, devaient voir leurs biens séquestrés et mis en vente.

La vente des biens des émigrés se prolongea une dizaine d'années ; elle n'était pas terminée en l'an X.

La vente des meubles, linges, effets, ne donna qu'un maigre

résultat. Les émigrés avaient emporté les objets les plus précieux et caché les plus lourds; de son côté l'Etat avait retenu l'argenterie pour la Monnaie et le cheptel pour les subsistances des armées.

La vente des biens fonciers fut plus heureuse; on les divisa le plus possible, et de nombreux propriétaires participèrent à leur adjudication.

Emigrés du canton. — En avril 1792, figuraient pour le canton sur la liste des émigrés :

Jean-Baptiste de Bar et Étienne Marien de Bar ;

Les deux frères de Bar étaient fils de Gabriel de Bar et de Marie Mollet de la Baume (1).

Ils avaient deux autres frères, Antoine et Marien, et deux sœurs, Marie et Michelle, qui n'émigrèrent pas (2).

Cette famille était propriétaire de la terre de Châteaujaloux, commune d'Ebreuil.

Jean-Baptiste, né en 1766, officier au régiment de Vermandois en 1784, lieutenant en 1788, émigra en 1791. Il fit les campagnes de 1793 à 1797 dans l'armée de Condé, puis passa en Russie en 1798.

Etienne-Marien, né à Gannat en 1770 était sous-lieutenant au régiment de Viennois en 1789 et lieutenant en 1791. Il émigra et fit à l'armée de Condé les campagnes de 1792 à 1795.

Hercule-Marie-François-Xavier du Ligondés et Amable-Frédéric du Ligondés ;

Les deux frères du Ligondés étaient fils de Gaspard du Ligondés et d'Elisabeth-Marie de Reclesne (3).

Hercule Marie François Xavier naquit à Montluçon le 10 juillet

---

(1) Gabriel de Bar, ou de Bard, chevalier, seigneur de La Garde et de Châteaujaloux, né en 1726, se retira du service, couvert de blessures, en 1769, avec le grade de capitaine et la croix de Saint-Louis. Il mourut en 1777.

(2) Marie de Bar épousa, en 1790, son cousin germain Maximilien de Bar de Murat, chevalier, officier au régiment de Viennois en 1787, qui émigra en 1791 et servit à l'armée de Condé de 1792 à 1795. (Note de M. Philippe Tiersonnier).

(3) Gaspard du Ligondés, seigneur de Rochefort, dit aussi le comte du Ligondés ou le comte de Rochefort, fut un brillant officier de marine, resté célèbre par le glorieux combat qu'il soutint, le 20 octobre 1778, avec son navire « Le Triton » contre le vaisseau anglais « Le Jupiter » et la frégate anglaise « La Médée ». Sans la tempête, il eût capturé « Le Jupiter », et « La Médée » dut prendre la fuite. Il ramena son vaisseau à Brest, et, grièvement blessé dans ce combat, il mourut dans cette ville des suites de sa blessure, le 26 janvier 1779. Un tableau offert par Louis XVI à la famille du Ligondés, conservé au château de Rochefort, rappelle ce glorieux combat. (Note de M. Philippe Tiersonnier.)

1768. Garde de la Marine en 1784, il était enseigné des vaisseaux du Roi à Toulon au début de la Révolution.

En 1792, il fit campagne à l'armée de Condé comme volontaire dans les hussards de Bercheny. En 1795, il prit part au débarquement de Quiberon, comme lieutenant d'infanterie dans le régiment d'Hervilly. Il échappa à la mort, par miracle, en se jetant à l'eau et en faisant deux lieues à la nage pour rejoindre le vaisseau de lord Moira marquis d'Hastings, son parent, qui commandait la flotte anglaise.

Amable Frédéric naquit à Montluçon, le 6 mars 1771. Chevalier de Malte, il servit également dans la marine royale. Vers 1789, étant alors sur « La Minerve » il se fit débarquer pour aller à Malte faire des caravanes. Il quitta l'île le 7 juin 1789 et y rentra le 7 avril 1792. Le 1er août 1796, il y était encore (1).

Athanase-Scipion-Barrin et Cyprien-Charles Barrin. Les frères Barrin étaient fils de Vincent Barrin, écuyer, seigneur des Ruilliers, et de Marie-Madeleine Barrin de la Galissonnière. Cette famille possédait la terre des Ruilliers, commune de Saint-Bonnet-de-Rochefort.

Athanase-Scipion, né le 19 décembre 1739, servit dans la marine, et fut promu, le 1er mai 1786, chef de division.

Cyprien-Charles naquit le 5 janvier 1744.

Edme-Philippe de Marcellange, chevalier de Malte; né à Vicq, le 12 décembre 1737, de Louis de Marcellange, chevalier, seigneur d'Arson, Vodo, et autres lieux, et de Marie Charlotte de Brou. Lieutenant au régiment d'Escars–cavalerie, il épousa, le 21 septembre 1756, Jeanne Charlotte du Ligondés. Il était propriétaire du château d'Arson, commune de Vicq.

Dans les premiers mois de 1793, l'ancien abbé bénédictin d'Ebreuil, *Philibert-Nicolas Hemey d'Auberive,* émigra en Suisse.

Le 29 mars 1793, le district ordonna des visites domiciliaires chez les gens suspects et particulièrement chez les pères et mères d'émigrés, « lesquels seront scupuleusement désarmés et dépourvus de munitions ».

Cependant les autorités locales faisaient peu de zèle pour rechercher les émigrés, et le 12 avril 1793, les commissaires de la Convention, Forestier et Fauvre-Labrunerie, de passage à Gannat, s'étonnèrent du petit nombre de ceux qui figuraient sur la liste du district et de ne pas y trouver, en particulier pour le canton d'Ebreuil, les noms des *frères Montclard* et de *certains héritiers Lenoir.*

(1) Notes de M. Philippe Tiersonnier.

Jacques-Jean-Marie Courtaurel de Montclard, officier dans les colonies, et François Gilbert, officier dans le régiment de Bretagne, étaient fils de Gabriel Courtaurel de Montclard, demeurant à Ebreuil. Ils émigrèrent tous les deux.

Isaac Lenoir ou Le Noir, secrétaire du Roi, avait acheté, en 1734, les terres de Chouvigny, Lalizolle et Nades. Un de ses fils, Pierre-François Lenoir, doyen de la Grande Chambre du Parlement de Paris, abbé de Saint-Sulpice de Bourges, les posséda ensuite. Il mourut en avril 1789, laissant de nombreux héritiers : 1° son frère, Antoine Lenoir, seigneur d'Espinasse et de Mirebeau ; 2° les enfants de ses quatre sœurs, et ils étaient nombreux : Marie-Jacqueline-Pauline Gauthier, Edme Gauthier d'Hauteserve, Nicole-Thérèse Gauthier, Jean-Jacques Morel Michaud de Montaraud, Anne-Suzanne-Louise Vallé, Jean-Baptiste Bongar de Combar, André-Isaac France, Guillaume-Philippe France, Etienne Pasquiers, Antoinette-Gabrielle Farjounel veuve de René-François de Montbel, Jacques-Nicolas Gueau de Rouvray et son frère Gueau de Reverseau, Henriette-Gabrielle Gueau femme d'Etienne Noël-Charles Gaspard Brouillet de la Carrière-Léville.

Le fils de Lenoir d'Espinasse émigra ainsi que plusieurs des autres cohéritiers.

La Convention décida de mettre à la charge des pères et mères d'émigrés l'habillement et la solde de deux soldats par fils émigré. La veuve du Ligondés fut ainsi imposée, par arrêté du district du 4 février 1793, à la somme de 1.748 livres 16 sols, pour la première année de la guerre, et le 22 août 1793, à la même somme, pour la deuxième année de la guerre.

Puis la loi du 27 frimaire an II ordonna le séquestre des biens des pères et mères d'émigrés. On ne devait laisser aux propriétaires que les meubles et les effets nécessaires à leur usage personnel ou à celui de leurs autres enfants.

Le 20 germinal, de Montclard sollicita la mainlevée du séquestre apposé sur ses biens, en s'efforçant de justifier sa conduite. La municipalité d'Ebreuil procéda à une enquête à ce sujet.

Une femme vint affirmer qu'il avait déclaré un jour à ses fils que « s'ils émigraient, il ne les regarderait plus pour ses enfants, qu'il ne leur donnerait plus rien » ; une autre, qu'il avait dit que « ses enfants le ruineraient, et que s'ils s'avisaient d'émigrer, il ne les regarderait plus comme ses enfants », une troisième l'avait entendu dire à l'aîné : « Voilà une lettre de ton frère qui veut épouser une coquine de Lyon, mais j'aimerais mieux qu'il fît ce mariage que de s'émigrer ainsi que toi ». A quoi le fils aurait répondu qu'il voulait rejoindre son régiment attendu que ses hardes y étaient et que s'il avait fait des sottises à Ebreuil, il n'entendait pas en faire davantage ». Charles Pellison, officier de santé, avait entendu Montclard dire que « si ses enfants paraissaient avoir envie de s'émigrer, il leur brûlerait plutôt la cervelle ». Louis Vestizon et Guyot père déposèrent également dans le même sens.

Le 8 messidor suivant, la mainlevée fut accordée.

Au 18 fructidor an V, aucun émigré du canton n'était rentré.

Les frères de Bar ne revinrent en France qu'en 1814 (1).

Hercule du Ligondés rentra en 1802 (2).

Amable Frédéric du Ligondés, qui était encore à Malte le 1er août 1796, voulut dans la suite rentrer en France pour se rendre à Rochefort voir sa mère. Dénoncé, il fut pris et condamné à mort à Lyon. Sa sœur Clotilde fit l'impossible pour le sauver, elle obtint sa grâce, mais arriva trop tard. Il fut exécuté le 26 juin 1798. Elle ne ramena à Rochefort que son corps qui est inhumé dans la chapelle du château.

Au moment de monter sur l'échafaud il écrivit à sa sœur : « Je vous recommande, ma chère amie, de ne conserver aucun ressentiment contre les auteurs de ma mort. Je leur pardonne entièrement et ne leur veux aucun mal.... Dieu, maître de tout, a décidé de mon sort et nous devons nous y soumettre sans murmurer... » (3).

De Marcellange, rentré après l'an VIII, mourut à Ebreuil le 19 pluviôse an XIII.

Vente des biens situés dans le canton. — Le 26 juillet 1793, Antoine Fanget, arpenteur-expert à Ebreuil, fut chargé par le district d'évaluer les biens des émigrés situés dans le canton et de préparer les lots pour la vente.

Ebreuil. — Les frères de Courtaurel de Montclard possédaient personnellement peu de chose ; leurs biens mis sous séquestre consistaient en portions d'une maison à Ebreuil, estimées 2.000 livres.

Les biens des frères de Bar, situés à Chateaujaloux, commune d'Ebreuil, furent estimés le 1er octobre 1793 et répartis en deux lots : 1er lot, une maison et des terres, 2.450 livres ; 2e lot, le

(1) Jean-Baptiste fut fait, par Louis XVIII, chevalier de Saint-Louis, et nommé lieutenant-colonel. En 1802, il avait épousé Charlotte d'Hoffringues. Étienne reprit service en 1814 dans la légion de l'Indre. L'année suivante, il fut fait chevalier de Saint-Louis. En 1804, il avait épousé, en Berry, Angélique-Julie-Constance Besson. (Note de M. Philippe Tiersonnier)

(2) Il épousa, le 10 juillet 1803, Marie-Elisabeth de Montsaulnin. Il mourut le 19 septembre 1837. Il est le grand-père du colonel vicomte du Ligondés, propriétaire actuel du château de Rochefort.

(3) Renseignements communiqués par M. Philippe Tiersonnier.

domaine des Agauds, 6.820 livres, plus le cheptel des bestiaux, 842 livres.

Chouvigny, Lalizolle et Nades. — Il fut procédé à l'estimation des biens des héritiers Lenoir, à Chouvigny : le 17 ventôse an III, les vignes de La Fayette, 6.000 livres ; le 2 germinal an III, le pré Fayard, 800 livres ;

A Lalizolle : le 14 ventôse an III, une locaterie à Lalizolle, exploitée par Neuville, garde des bois de la terre de Nades, pouvant produire un revenu net de 120 livres, 2.400 livres ; le 15 ventôse an III, le domaine de Lalizolle, 26.660 livres ;

A Nades : le 3 germinal an III, le domaine de Nades, 22.425 livres ; le 7 germinal an III, un bien divisé en cinq lots ; le 8 germinal an III, le tennement des Coules, divisé en 32 lots ; le 23 floréal an III, un bien appelé les Souches, divisé en 22 lots.

Le tout, comprenant une maison, deux moulins, deux domaines, l'emplacement d'un vieux château, des prés, terres et vignes, des bois, etc., fut vendu le 6 prairial an V, pour 19.613 livres à Edme Gauthier, demeurant à Clichy (Seine), l'un des héritiers, qui n'avait pas émigré (1).

A Lalizolle, les frères du Ligondès possédaient une maison, un jardin, un pré, affermés 150 livres et 35 arpents de bois pouvant produire annuellement 120 livres. Ces biens furent mis sous séquestre.

Saint-Bonnet-de-Rochefort. — La famille du Ligondès était propriétaire de biens importants dans cette commune. Le séquestre fut mis sur quatre domaines, trois locateries, un terrier (avoine, froment, seigle, 50 setiers), et des vignobles de 50 œuvres.

Les deux frères Barrin possédaient en communauté avec leurs sœurs, Marie et Anastasie Barrin, la terre des Rulliers. Un arrêté du directoire du département du 4 juillet 1793 en attribua la moitié à celles-ci. Les experts Tavernier et Fanget furent chargés, le 24 nivôse an II, par le district de faire deux lots, et le tirage au sort eut lieu le 28 germinal. La maison des Rulliers, le Petit-Domaine, le domaine de Mazières et la locaterie d'Ussel échurent à la Nation ; le domaine de la Petite-Varenne et les deux domaines de Chalignat, aux sœurs Barrin.

Le 28 janvier 1793, le district ordonna la vente du mobilier de la maison des Rulliers.

Celle des immeubles eut lieu ensuite :

22 fructidor an II : le château et la réserve des Rulliers :

---

(1) La famille Gauthier d'Hauteserve conserva ces biens jusqu'aux premières années du second Empire.

1er lot, à François-Henri Gilliot, pour 85.500 livres ;

2e lot, bâtiments du Petit-Domaine, terres, prés, etc., une maison, grange, chenevière, etc., à Antoine Angioux, meunier au moulin de Rozet, pour 18.500 livres ;

23 fructidor an II ; le domaine de Mazières ;

1er lot, une maison, grenier, chambre, et partie du domaine, terres et prés, estimé 6.740 livres, à François Desboudard, pour 13.600 livres ;

2e lot, l'autre partie du domaine, cuvage, étables, terres, etc., estimé 5.090 livres, à François-Henri Gilliot, arpenteur à Naves, pour 13.300 livres ;

3e lot, un pré, estimé 3.000 livres, à Barthélemy Montgond, pour 17.000 livres ;

4e lot, une terre de 19 séterées, estimé 9.500 livres, à Sébastien Luquet, pour 22.100 livres ;

5e lot, une partie du grand champ de Mazières, de 24 séterées, plus un pré, le tout estimé 12.250 livres, à Hercule Courtin, pour 32.000 livres ;

6e lot, une terre, appelée la terre basse, estimé 3.000 livres, à François-Henri Gilliot, pour 7.900 livres ;

7e lot, la terre rouge, estimé 3.600 livres, à Antoine Angioux, pour le compte d'Henri Gilliot, pour 16.200 livres ;

8e lot, quatre œuvres de vigne, estimé 240 livres, à Gilliot, pour 2.150 livres ;

9e lot, quatre œuvres de vigne, estimé 240 livres, à Gilliot, pour 3.000 livres ;

10e lot, quatre œuvres de vigne, estimé 240 livres, à Gilliot, pour 3.050 livres ;

11e lot, une terre, estimé 400 livres, à Gilliot, pour 3.050 livres ;

12e lot, une terre, estimé 400 livres, à Antoine Paradis, pour 3.050 livres ;

13e lot, une terre, estimé 2.000 livres, à Jean Chatel, demeurant à Saint-Bonnet-de-Rochefort, pour 10.100 livres.

Le 5 vendémiaire an III, fut vendue une locaterie située sur la commune d'Ussel (1).

Sussat. — Le district ordonna, le 25 ventôse an II, le séquestre des biens d'Amable de Cadier de Veauce (2).

Parmi ces biens, un bois taillis, appelé le petit Bouchet, de la contenance de 9 arpents, était situé sur la commune de Sussat. Il

(1) Sur l'indemnité accordée aux émigrés, condamnés et déportés, Scipion et Cyprien Barrin touchèrent 62.685 fr. 75.

(2) Amable de Cadier, baron de Veauce était propriétaire de la terre de Veauce.

fut vendu, le 18 thermidor an IV, à Simon Emelin, demeurant à Lalizolle, pour 1.200 livres.

Vicq. — Le 5 décembre 1792, le district ordonna de procéder à la vente du mobilier du château d'Arson. Elle commença le 7 janvier 1793 et ne fut terminée que le 25 germinal an II. Elle produisit au total 46.576 livres. Parmi les très nombreux acquéreurs se trouvaient Pitat, Tessot, Ballet, Papon, Lesbre, Labussière, Méténier, Potrolot de Grillon, Rabusson, le curé de Sussat, Emelin, Vignancourt. Pellisson, Laplanche, Bonneau, etc., etc.

Vente des immeubles : 24 brumaire an II, une partie du domaine des Bignards, commune d'Ebreuil, estimée 13.500 livres,

1er lot, un pré dit pré d'Arson, à Delarue, huissier à Ebreuil, pour 4.100 livres ;

2e lot, non vendu ;

3e lot, une terre, à Laniray, pour 3.900 livres ;

4e lot, un pâturail, à Ballet, pour 1.600 livres ;

5e lot, à Antoine Cante, pour 1 320 livres ;

21 frimaire an II, l'autre partie du domaine des Bignards, estimée 45.700 livres, à Louis Badoche, de Charroux, pour 50.000 livres ;

28 nivôse an II, la locaterie de Gravière, appelée les Pugnots, située commune de Vicq, estimée 4.490 livres, à Pierre Claude Papon aîné, de Vicq, pour 16.300 livres ;

21 germinal an II, le château et la réserve d'Arson, commune de Vicq,

1er lot, à Gilbert Leblanc, pour 60.000 livres ;

2e lot, le pré Poulet, à Antoine Tessot, pour 40.200 livres ;

22 germinal an II, le domaine de Vodo, 21 lots, à Papon aîné, pour 61.740 livres ; une terre, à Tessot, pour 3.300 livres ; une locaterie, située à Vicq, estimée 1.050 livres, à Etienne Bœuf, de Gannat, pour 2.100 livres ;

23 germinal an II, une locaterie à Vicq,

1er lot, à Gilbert Bourdier, pour 4.300 livres ;

2e lot, à Gilbert Bourdier, pour 2.210 livres ;

3e lot, à Jean-Jacques Boirot, pour 4.120 livres ;

29 prairial an II, le grand domaine d'Arson, à Jean-Jacques Boirot et Tessot, pour 61.100 livres ; la locaterie de Barbasse, à Antoine Cante, pour 25.000 livres ; le domaine d'en bas, à Pierre-Claude Papon, pour 54.100 livres ;

11 vendémiaire an V, un paccage et une saulée, d'environ 15 boisselées, situés à Vicq, à Tessot, d'Ebreuil, pour 600 livres ;

11 germinal an V, une terre, située commune de Vicq, à Benoît Lamiral, horloger à Moulins, pour 198 livres (1).

Certains biens de Cadier de Veauce, mis sous séquestre le 25 ventôse an II, se trouvaient situés en partie sur la commune de Vicq. La vente eut lieu le 15 fructidor an III :

1er lot, le domaine de Crualle, estimé 45.000 livres, à Louis Boyer, serrurier à Moulins, tuteur des mineurs de Cadier de Veauce, pour 52.500 livres ;

2e lot, le domaine de la Petite-Saulnière, estimé 37.500 livres, au même acquéreur, pour 42.000 livres.

IX

Les subsistances.

Au XVIIIe siècle, Ebreuil était un centre de commerce très important, où venaient s'approvisionner les paroisses de la montagne. Situé dans un pays fertile, il était devenu l'entrepôt des grains de la région.

Un marché s'y tenait le vendredi de chaque semaine. Il y avait en outre quatre foires par an : 25 mai, 10 août, 2 octobre et 13 décembre (2).

L'institution du calendrier républicain obligea de modifier ces dates. Le 29 brumaire an II, le directoire du district de Gannat décida qu'il y aurait dans chaque chef-lieu de canton deux marchés par décade, qui se tiendraient : à Gannat, les quartidi et nonidi; à Ebreuil, les duodi et septidi; à Saint-Pourçain-sur-Sioule, les primidi et sectidi ; à Chantelle, les tridi et octidi. Le principal marché d'Ebreuil fut fixé au septidi.

Un arrêté du 15 prairial an II reporta au 12 août (25 thermidor) la foire du 10 août. La population et les marchands accoutumés à la tenir à l'ancienne date, continuèrent à venir le 23 thermidor comme auparavant. Dans le nouveau calendrier, ce jour-là était fête nationale, la foire empêchait de la célébrer convenablement. Le 23 thermidor an IV, la municipalité décida qu'à l'avenir les foires se tiendraient les 11 vendémiaire (2 octobre), 23 frimaire (13 dé-

(1) Sur l'indemnité accordée aux émigrés, condamnés et déportés, la famille de Marcellange toucha 141.112 fr. 60.

(2) Foires de Saint-Urbain, Saint-Laurent, les Saints-Anges, Sainte-Luce.

cembre), 25 pluviôse (14 février), 19 germinal (8 avril), 6 prairial (15 mai), 22 thermidor (9 août) (1).

Rien n'y fit ; en l'an VI, la foire de thermidor se tint encore le 23 (10 août), et empêcha les gens « de se livrer à la joie et à l'enthousiasme que cette fête doit donner à un Français libre ». De nouveau, la municipalité la fixa au 22 thermidor.

Pour les marchés également, l'habitude l'emportait, et ils se tenaient, comme précédemment, tous les vendredis. Le 1ᵉʳ messidor an VI, la municipalité dut rappeler que les marchés devaient se tenir les duadi et septidi de chaque décade. Celui du septidi était principalement destiné à la vente des bestiaux de toutes espèces. Cette nouvelle fixation des marchés les supprima complètement. Le 29 messidor, le fermier de la halle aux blés, Gilbert Meurdefroy, demanda à résilier, disant que depuis un mois, il n'y a pas paru de grains. La municipalité reconnut le bien fondé, consentit la résiliation et mit le marché provisoirement en régie.

Pendant tout le xviiiᵉ siècle, la préoccupation de vivre résume la vie des populations rurales. Partout était prédominante la crainte de la famine. Cette préoccupation et cette crainte se manifestèrent plus vivement encore pendant la Révolution. Et l'histoire locale de cette époque se ramène à celle du pain.

« Deux causes, dit Taine, excitent et entretiennent l'émeute universelle. La première est la disette qui, permanente, prolongée pendant dix ans, et aggravée par les violences mêmes qu'elle provoque, va exagérer jusqu'à la folie toutes les passions populaires et changer en faux-pas convulsifs toute la marche de la Révolution » (2).

Le même historien dit encore que parmi les passions qui bouleversèrent alors la France, il en était une « qui n'est ni historique ni locale, mais naturelle et universelle, la plus indomptable, la plus impérieuse, la plus redoutable de toutes, la crainte de la faim » (3).

En 1788, les récoltes furent mauvaises dans toute la France, à cause de la sécheresse ; puis, l'hiver qui suivit, fut le plus dur que l'on n'avait vu depuis 1709. Au printemps de 1789, le prix des grains était relativement élevé.

Dès son arrivée au pouvoir (août 1788), Necker modifia la légis-

(1) A cette date nous voyons apparaître deux nouvelles foires, celle du 14 février et du 8 avril
(2) Taine, *La Révolution*, t. I, p. 4.
(3) Taine, *La Révolution*, t. I, p. 330.

lation alors en vigueur sur le commerce des blés. Turgot, par l'arrêt du Conseil du 13 septembre 1774, en avait proclamé pour la première fois la libre circulation. Necker revint aux mesures prohibitives. Par deux arrêts du Conseil, l'un du 7 septembre 1788, l'autre du 23 avril 1789, il fit défendre de vendre ou d'acheter des grains en dehors des marchés, et obligation aux marchands et cultivateurs de les approvisionner.

La question du commerce des grains fut une des premières à appeler l'attention de l'Assemblée constituante qui, par le décret du 29 août 1789, revint aux principes libéraux de Turgot, en rétablissant la libre circulation des grains à l'intérieur du royaume. Ce décret, complété ou interprété par plusieurs autres, resta en vigueur jusqu'en mai 1793.

En 1790, la récolte fut abondante. Pendant les huit premiers mois le froment se vendit à Ebreuil 29 livres le setier, le seigle 24 livres, l'orge 19 livres, l'avoine 7 livres (1).

En août, il y eut une diminution sensible; le froment descendit à 22 livres, le seigle à 19 livres, l'orge à 14 livres, l'avoine à 6 livres.

Malgré les décrets, les grains ne circulaient pas librement. Effrayés par les récits qui couraient les campagnes et montraient des brigands partout, craignant d'autre part la disette, les cultivateurs ne sortaient pas leurs grains et les populations alarmées s'opposaient à leur circulation. En bien des endroits, il y eut de véritables émeutes.

L'anxiété régnait alors dans toute la France, la propriété subissait une crise, le commerce était arrêté, l'achat, le paiement paraissaient incertains. Ceux qui avaient des grains hésitaient à les porter au marché.

Voilà pourquoi les prix restèrent si élevés. Le prix du pain se ressentait de la cherté des grains. En 1790, la moyenne fut à Ebreuil pour le pain mollet 3 sols 8 deniers la livre, pour le prix second 2 sols 8 deniers, pour le pain bis 2 sols.

L'Assemblée s'efforçait bien de proclamer la libre circulation des grains dans l'intérieur du royaume, car, disait-elle, « tout obstacle, toute résistance apportés à la circulation ont l'inévitable et constant effet de hausser le prix des grains ». (Décret du 15 septembre 1790.) C'était inutile devant les craintes des populations.

---

(1) Le setier d'Ebreuil comprenait 4 quartes; la quarte d'Ebreuil valait 3 décalitres 292.840. Le setier valait donc un peu plus de 6 double-décalitres et demi.

Les municipalités furent obligées de prendre des mesures spéciales pour assurer l'approvisionnement.

En mai 1790, la municipalité d'Ebreuil exigea une soumission de ceux qui voulaient exercer le métier de boulanger, et l'engagement pour eux de tenir toujours leur boutique approvisionnée de pain, faisant par contre défense à toute autre personne de débiter et de vendre du pain au public. Six boulangers sur sept s'inscrivirent au greffe de la municipalité : Pierre Mazerolle, Joseph Labussière, Antoine-Marien Lesbre, Gilbert Meurdefroy, Jean Labrosse et Jean Coulange. Deux autres firent leur soumission pour fournir du pain second et du pain bis : Jeanne Lesbre, femme d'Etienne Avat, et Geneviève Conchon veuve de Jean Laval.

Cette disposition fut appliquée très sérieusement. Le 16 juillet 1790, le maire, ayant appris qu'un nommé Guillaume Ronfet, charpentier, vendait du pain bis, se transporta chez lui et pénétra dans la maison, où il trouva plusieurs tourtes de pain ; après avoir constaté qu'un instant avant un nommé Dufas en avait acheté, il prononça sur le champ contre Ronfet une peine de 3 livres d'amende.

Quelques jours plus tard, la veuve Laval, qui avait fait sa déclaration, fut condamnée à la même peine, pour n'avoir point chez elle de pain à vendre.

Malgré ces mesures, chaque jour des gens se plaignaient de ne point trouver de pain chez les boulangers. Une ordonnance municipale, du 21 juillet 1790, exigea alors que le pain fût exposé devant leur boutique et mis en vente, surtout le pain bis, à partir de huit heures du matin. Une ordonnance du 8 août 1792 renouvela ces prescriptions sans plus de résultats. Il arrivait fréquemment que le pain manquât.

C'est qu'il ne suffisait pas d'obliger les boulangers à faire du pain, il fallait aussi leur fournir des grains pour en faire.

Pendant toute l'année 1791, le prix des blés resta stationnaire, celui du pain diminua même légèrement.

Mais en 1792, une hausse rapide se produisit. Dès janvier, le froment atteignit 28 livres le setier, le seigle 24 livres, l'orge 17 livres, l'avoine 8 livres. En mai le froment se vendit 35 livres, le seigle 31 livres, l'orge 23 livres, l'avoine 10 livres. De semaine en semaine, la hausse continua. En septembre, le froment arriva à 47 livres, le seigle à 41 livres, l'orge à 27 livres, l'avoine à 13 livres.

D'où provenait cette augmentation ? De la préoccupation de plus en plus grande des populations rurales.

En 1792, la récolte fut, en outre, retardée par la saison, et le battage des grains fut différé par le manque de bras : ce fut une première cause de disette.

Cependant les grains ne manquaient pas en France ; le petit cultivateur, soulagé de l'impôt, de la dîme et des redevances, était devenu le maître absolu de son lopin de terre ; aussi, comme le dit Taine, avait-il « du cœur à l'ouvrage » ; il s'était mis au travail avec une ardeur nouvelle, il avait labouré plus rudement qu'à l'ordinaire, il avait même défriché des terres nouvelles.

Mais il ne suffit pas que les récoltes soient abondantes, il faut encore qu'on les apporte au marché ; il faut que les boulangers aient chaque jour assez de farine pour cuire assez de pain ; il faut enfin que ce pain se vende un prix qui soit à la portée du plus grand nombre de consommateurs.

Ce n'est pas la production qui avait diminué ; c'est la distribution normale qui ne fonctionnait plus. Le défaut de sûreté, la crainte du pillage, empêchaient d'amener les grains au marché.

Une circulaire du 1er septembre 1792, adressée par le minisire de l'Intérieur aux corps administratifs « et par eux à tous ses concitoyens », chercha à rassurer les esprits. Il les mettait en garde « contre les bruits répandus sur la soi-disant pénurie des subsistances. Ils sont dûs à la malveillance, et ont pour objet d'entraver la libre circulation des grains. En réalité les récoltes sont superbes. »

Les paroles étaient vaines, il fallait des actes.

Le décret du 9 septembre 1792 marque un retour à la réglementation, en spécifiant que les municipalités rendront régulièrement compte aux corps administratifs de l'état des marchés, et qu'elles pourront contraindre les cultivateurs et les marchands à les frequenter.

Comme conséquence de ce décret, la municipalité d'Ebreuil, par arrêté du 16 septembre, fit défense aux aubergistes et cabaretiers de laisser mesurer aucune espèce de grains chez eux les jours de foires et marchés, et à quelque personne que ce soit de mesurer des grains ailleurs que sur la place publique.

C'est qu'afin de vendre plus cher, les cultivateurs portaient leurs graine dans les auberges, où ils les vendaient en cachette. De cette façon fort peu de blé venait sur le marché.

Le 28 septembre, la municipalité étendit cette mesure à toutes les denrées et fit défense d'en vendre ou d'en acheter ailleurs qu'au marché.

En décembre 1792, le froment atteignit 50 livres le setier, le seigle 43 livres, l'orge 33 livres, l'avoine 14 livres. Pendant toute cette année le pain se vendit fort cher. La moyenne fut pour le pain mollet 6 sols la livre, pour le pain second 5 sols 6 deniers, pour le pain bis 4 sols.

En 1793, la hausse continua. Vers mars, le froment valait 52 livres, le seigle 49 livres, l'orge 43 livres, l'avoine 18 livres. En mai, le froment atteignit 63 livres (1).

Naturellement le prix du pain augmenta encore. La livre de pain mollet valut 8 sols, celle de pain second 7 sols, celle de pain bis 5 sols 6 deniers.

Les assignats vinrent encore augmenter la panique qui régnait parmi les populations des campagnes. Le paysan alarmé ne voulait pas se dessaisir de son blé ; il refusait les assignats et voulait des espèces sonnantes. Echanger du bon blé contre de méchants chiffons de papier sali lui semblait une duperie ; et au fond il n'avait pas tort, car les assignats perdaient déjà de leur valeur.

Aux premiers mois de 1793, le blé était devenu de plus en plus rare sur le marché, et les assignats devenant de plus en plus abondants, la disproportion de valeur augmentait sans cesse ainsi que le renchérissement.

L'approvisionnement des villes exigeait beaucoup de grains ; en outre, la nourriture des armées obligea le gouvernement à faire des achats considérables.

La disette menaçait alors. Comment l'éviter ? Les principes de l'économie politique étaient encore peu connus ; les eusse-t-on connus qu'on n'avait guère le temps d'y recourir. On eut recours aux mesures violentes, à la force ; on supprima la liberté ; mais on sauva la France de la famine !

Il y avait du blé, on le savait : mais par suite de l'inertie de ses détenteurs, il restait dans les greniers. Le 31 octobre 1792, le Conseil exécutif provisoire, s'efforçant de rassurer les populations, écrivait : « Nous éprouvons des disettes partielles et factices au milieu d'une abondance réelle. Cette abondance, n'en doutez pas, existe réellement, et vos subsistances sont assurées. Le sol de la France en avait suffisamment produit..... »

Le peu de grains, qui venait aux marchés, se vendait très cher en raison du manque et de la déperdition des assignats, dont le cours forcé amenait une augmentation constante. Les paysans n'abandonnaient leurs grains qu'à un prix bien supérieur.

Cette hausse considérable devenait inquiétante. On songea alors à lui mettre une barrière. En novembre 1792, on proposa à la Convention d'établir un maximum ; elle refusa. Et le décret, voté

____

(1) A cette date, les marchés d'Ebreuil étaient encore garnis de grains, et les approvisionnements de tout le canton étaient suffisants pour attendre la prochaine récolte.

9

le 8 décembre suivant après une longue discussion, affirma sans restriction, la liberté du commerce des grains.

Mais en février 1793, les nécessités de la guerre obligèrent d'émettre de nouveau 800 millions d'assignats. Il en résulta aussitôt une déperdition de valeur de ce papier-monnaie et une augmentation du prix des denrées.

D'autre part, le malaise économique était encore accru par suite de l'organisation sur tous les points du territoire des corps de troupes, des armées, dont il fallait assurer la subsistance.

Après de longues et violentes discussions, le décret du 4 mai 1793 fut voté. Reprenant à la législation antérieure diverses mesures, ce décret réglementa la vente des grains. En outre, il introduisit un principe nouveau dans la législation, celui du maximum. Ce décret domine la période de la Terreur. Il a 31 articles.

Ses principales dispositions sont : 1o la déclaration obligatoire, pour tout marchand, cultivateur ou propriétaire, de la quantité et de la nature des grains et farines qu'il possède ; la vérification des déclarations par les municipalités, le recensement ;

2o la défense de vendre des grains ailleurs que sur les marchés publics ;

3o le droit de réquisition pour les municipalités :

4o la fixation d'un maximum pour le prix des grains :

5o des pénalités excessivement sévères.

C'est l'administration du département qui fixait le maximum, en prenant comme base le prix moyen pendant les quatre premiers mois de 1793. Il devait décroître au 1er juin d'un dixième, au 1er juillet d'un vingtième sur le prix restant, au 1er août d'un trentième, au 1er septembre d'un quarantième.

Quiconque achèterait ou vendrait au-dessus du maximum était frappé, en outre de la confiscation, d'une amende de 300 à 1.000 livres.

Par ces diverses mesures, les grains étaient obligés de venir sur les marchés sans pour cela se vendre au-dessus du prix fixé.

Le maximum produisit aussitôt son effet ; il eut sa répercussion sur le prix des grains et du pain. A Ebreuil, le setier de froment tomba brusquement de 63 livres à 42 livres, celui de seigle de 48 livres à 38 livres, celui d'orge de 43 livres à 28 livres. L'avoine se maintint à 17 livres.

Le pain fut maintenu à son ancien prix jusqu'au 4 juin afin de permettre aux boulangers de débiter toute la farine achetée avant le décret ; puis, à partir de cette date, il fut taxé : le pain mollet à 5 sols 6 deniers la livre, le pain second à 5 sols, le pain bis à 4 sols.

Après avoir établi le cours forcé des assignats, on en était arrivé fatalement à créer le taux forcé.

Mais les cultivateurs ne voulant toujours pas donner leurs grains contre un papier qui perdait chaque jour de sa valeur, et à un prix qu'ils considéraient comme insuffisant, s'abstinrent de les porter aux marchés. Il n'en vint plus. Il fallut alors recourir aux réquisitions.

Le décret du 4 mai décidait que dès sa publication « tout marchand, cultivateur ou propriétaire quelconque de grains et farines serait tenu de faire, à la municipalité du lieu de son domicile, la déclaration de la quantité et de la nature des grains ou farines qu'il possède, et par approximation de ce qui lui reste de grains à battre ». Dans les huit jours de la déclaration, « les officiers municipaux ou des citoyens par eux délégués » devaient vérifier les déclarations et en dresser le résultat. Toute fausse déclaration ou absence de déclaration était punie de la confiscation.

Le 9 juin, la municipalité d'Ebreuil désigna des commissaires chargés de cette vérification dans le canton.

Dès ce moment, elle eut à envisager la crainte de la famine, qui pendant deux années entières allait menacer sans répit les populations.

Déjà, le 7 juin, elle rationna tous les habitants et fit défense aux boulangers de faire du pain de première qualité. Tout le monde eut sa ration de pain bis (1).

« Vu une grande disette, qui existe malheureusement dans le canton, lisons-nous dans le Registre des délibérations à la date du 16 juin 1793, il sera impossible d'approvisionner au marché de cette ville le grand nombre de citoyens qui s'y transportent de toute part, le conseil estime de son devoir de prendre des mesures efficaces pour obvier aux malheurs qui pourraient résulter d'un semblable fléau... » Le conseil général de la commune souscrivit alors un emprunt de 10.000 livres destinées à acheter des grains.

Malgré toutes les diligences, la quantité apportée au marché du 21 juin (20 à 25 sacs) fut insuffisante, car il vint plus de personnes qu'à l'ordinaire.

La municipalité décida alors de rationner les acheteurs et d'exercer d'une façon plus sérieuse son droit de réquisition. Chaque personne ne pouvait acheter par marché plus de six coupes de grains, dont les deux tiers en avoine.

(1) Un arrêté du district, en date du 19 juin 1793, rendit cette mesure générale.

Un décret de la Convention, du 17 août 1793, prescrivit le recensement général des grains de la dernière récolte. Puis un autre du 11 septembre vint reprendre les dispositions de celui du 4 mai en les modifiant.

Poussant en ses conséquences extrêmes le principe du maximum, il décidait qu'il serait uniforme dans toute l'étendue de la République.

Le maximum fut fixé à 14 livres le quintal le froment, à 12 livres le méteil, à 10 livres le seigle, à 9 livres l'orge, à 14 livres l'avoine, à 20 livres la farine froment, à 7 livres le son, à 6 livres le foin, à 5 livres la luzerne et autres fourrages, à 3 livres la paille. Pour la mouture, le quintal fut fixé à 18 sols le froment, 16 sols le méteil, 14 sols le seigle, 12 sols l'orge.

Le ministre de l'Intérieur invita les munioipalités à veiller à la stricte observation de ce décret. « Rien ne doit être négligé par les corps administratifs pour que la subsistance de ceux qui les ont investis de leur confiance soit assurée, pour qu'elle le soit conformément à la loi, et que l'agioteur infâme ne puisse trafiquer des sueurs du pauvre. »

Il fallut bientôt, pour maintenir la valeur des assignats, étendre le maximum à toutes les denrées et marchandises de première nécessité. Un décret de la Convention, du 29 septembre 1793, énuméra ces denrées et marchandises de première nécessité : viande fraîche, viande salée et lard, beurre, huile douce, bétail, bière, bois à brûler, charbon de bois, charbon de terre, chandelle, huile à brûler, poisson salé, vin, eau-de-vie, vinaigre, cidre, sel, soude, sucre, miel, papier blanc, cuirs, fers, fonte, plomb, acier, cuivre, chanvre, lin, laines, étoffes, toiles, matières premières qui servent aux fabriques, sabots, souliers, colza et rabette, savon, potasse, et tabac (1).

On en arriva enfin à établir un maximum pour les salaires, gages, mains d'œuvre et journées de travail.

Il fut fixé : à Ebreuil le 5 brumaire an II : domestiques hommes 75 livres par an, et domestiques femmes 24 livres ; manouvriers et cultivateurs, non nourris, 15 sols par jour du 1er brumaire au 5 germinal, et 18 sols du 5 germinal au 1er brumaire ; maçons, couvreurs, charpentiers, non nourris, 30 sols par jour ; menuisiers, non nourris, 40 sols ; tailleurs, nourris, 15 sols ; une journée de labour et charges simples, avec vaches 30 sols, avec bœufs 45 sols, avec chevaux 3 livres ; tisserands, façon des toiles, celles de plein

---

(1) Annexe n° 4, p. 119.

de 2/3 largeur 7 sols 6 deniers, celles d'une aune 9 sols, toiles communes et coutils 6 sols, cotonnades et basins 9 sols ;

A Vicq, le 20 octobre 1793 : domestiques « mâles » 70 livres par an, et domestiques « femelles » 14 livres, plus cinq aunes de toile commune, une aune de toile blanche, une livre de laine, une livre de chanvre, ou 36 livres en tout ; manœuvres cultivateurs 15 sols par jour du 8 octobre au 25 mars, et 18 sols du 25 mars au 1er septembre ; tonneliers, couvreurs, charpentiers, maçons, 30 sols par jour ; menuisiers 35 sols ; tailleurs, nourris, travaillant pour les habitants manœuvres des campagnes 10 sols, travaillant à des ouvrages plus recherchés 15 sols ; laboureurs, nourris, avec des vaches 30 sols, avec des bœufs 45 sols, avec des chevaux 50 sols ; tisserands, toile de plein 2/3 7 sols, d'une aune commune 6 sols, d'une aune commune de coutil 5 sols, de coutil de sac 7 sols, cotonnade et basin commun 6 sols ; « lessiveuses », nourries, 5 sols par jour.

Dans les communes de la montagne, où le blé était rare, la disette se fit durement sentir. Nous en avons la preuve dans une pétition du 6 brumaire an II, adressée à Fouché, représentant du peuple, pour les communes de Chouvigny, Lalizolle, Nades, et Echassières :

« Citoyen représentant du peuple,

« Nous venons à vous quatre députés des communes de Chouvigny, Lisolle, Naddes et Echassières, de la part de nos concitoyens, nous sommes chargés de vous représenter la disette, la misère des habitants de ces harides contrées remplies de bois et de rochers. La stérilité de ces quatres contrées vous demeurera prouvée par le recensement de leurs grains fait dans la dernière exactitude en présence des commissaires nommés par le directoire du district de Gannat. Dans la commune de Chouvigny il y a 600 individus et il n'y avait lors du recensement que...... septiers de blé. Juges combien il s'est manqué de pain et combien il doit en rester .... »

Ils exposent ensuite qu'il s'en faut de plus de 800 setiers que la commune de Chouvigny ait sa subsistance fixée par la loi à raison de trois boisseaux par personne, de 500 setiers pour Lalizolle, de 1.000 setiers pour Nades, et de 1.200 setiers pour Echassières, « car ils sont 328 individus et il n'y a que 8.400 septiers ».

« ... Le marché d'Ebreuil, auquel les communes ont droit de s'approvisionner ne peut fournir parce que le surplus du canton est indigent de manière que nous craignons avec raison la famine.

« Nous sommes tenus de payer en grains l'arriéré de nos

impositions et les deux tiers de celle de 1793. Si nous sommes absolument forcés de le faire, nous sommes à la veille de la famine. Ces contrées n'ayant aucune ressource de pois, fèves et pommes de terre ; ils demandent à être dispensés de payer en grains l'arriéré de leurs impositions, lequel ne provient que de leur misère ; ils demandent l'emprunt du montant de leur impôt arriéré et de celui de 1793 pour tâcher d'acheter des grains où ils pourraient en trouver afin d'éviter la famine à laquelle ils se trouveraient réduits au premier jour ».

A la suite de cette pétition, le directoire du district attesta « la plus affligeante pénurie de grains » dans ces communes.

La réponse ne se fit pas attendre. Elle est datée de Nevers, du 10 brumaire an II : « Le représentant du peuple, considérant que ce district d'après même le recensement qui a été fait est le plus abondant de tout le département, enjoint à l'administration du district de faire circuler les grains des communes qui sont riches dans celles qui souffrent la faim, d'établir l'équilibre dans tous les cantons, comme il le sera bientôt dans tous les départements, de procurer sans délai des grains aux communes réclamantes, rend responsables individuellement tous les membres de l'administration de tous les événements et de tous les frais qui pourraient résulter du défaut de l'exécution du présent arrêté ».

Un décret du 18 vendémiaire an II invita les municipalités ayant un marché à dresser la liste des communes qui avaient l'habitude de le fréquenter et leur donnait le droit d'y faire des réquisitions. Un arrêté du district, en date du 1ᵉʳ brumaire an II, désigna pour l'approvisionnement du marché d'Ebreuil les cantons d'Ebreuil et de Bellenaves (1).

Un autre arrêté du district du 16 nivôse an II, « considérant que le marché d'Ebreuil est un de ceux du district, où il se fait de plus fortes ventes en blés, à cause de la grande quantité de communes environnantes dans lesquelles il se recueille peu de grains », fixa dans quelle proportion certaines communes devaient approvisionner chaque décade ce marché : Saint-Bonnet-de-Rochefort 7 setiers, Vicq 7, Sussat 3, Senat 7, Taxat 7, Naves 3, Bellenaves 7, Veauce 2, en tout 43 setiers.

Cependant les grains manquaient de plus en plus ; le 26 nivôse, le district ordonna un nouveau recensement pour établir la pénurie, et « considérant que le seul moyen de faire un recensement avec exactitude est d'en charger les sociétés populaires qui à tant

---

(1) Le canton de Bellenaves comprenait les communes de Bellenaves, Coutansouze, Echassières, Saint-Bonnet-de-Bellenaves, Tizon, Valignat, Veauce.

de titres ont des droits à la confiance publique », il en confia le soin à la Société populaire de Bellenaves pour le canton d'Ebreuil, et à celle d'Ebreuil pour le canton de Bellenaves.

Au 28 nivôse, il y avait dans la commune d'Ebreuil 367 setiers 2 quartes de froment, 155 setiers de seigle, 328 setiers 1 quarte d'orge (déduction faite des semences), 223 setiers 3 quartes de farines, en tout 1074 setiers 2 quartes. La population effective de la commune étant de 1.920 personnes, il fallait pour la nourrir 576 setiers de blé par mois, à raison de 3 boisseaux ; et comme il restait encore sept mois avant les récoltes, il fallait donc 4.032 setiers ; il en manquait 2.958. La situation était inquiétante et la municipalité la signala au district, craignant que « les citoyens qui s'approvisionnent à son marché troublassent la paix et la tranquilité qui toujours ont régné dans sa commune ». Le district lui alloua sur le grenier d'abondance 40 quintaux de blé, 30 en froment et 10 en orge.

Un arrêté du 23 pluviôse dressa de nouveau la liste des communes qui devaient approvisionner les marchés d'Ebreuil : Saint-Bonnet-de-Rochefort, Sussat, Vicq, Senet, Naves, Bellenaves, devaient fournir chaque décade, sous la responsabilité de leur municipalités la quantité de blé fixée par les réquisitions.

Un arrêté de Fouché avait décidé que les officiers municipaux, qui refuseraient d'obéir aux réquisitions, seraient exposés au marché suivant pendant quatre heures sur un échafaud dressé au milieu de la place, avec un écriteau au-dessus de chacun : « Affameur du peuple. Traître à la patrie ».

La municipalité de Senat n'ayant pas satisfait à une réquisition, le maire Cogniet et ses adjoints furent signalés au district pour être punis conformément à cet arrêté.

Le 22 pluviôse, plus de 400 personnes se retirèrent sans avoir pu se procurer du blé, car il n'y avait pas sur la place la quantité suffisante.

En germinal, le Comité des Subsistances ordonna dans toute la France un recensement des grains. Il fut fait dans la commune d'Ebreuil par deux commissaires des districts de Gannat et de Moulins, Roux et Alphonse, qui trouvèrent 189 setiers 1 quarte de froment, 141 setiers 1 quarte de seigle, 360 setiers 2 quartes d'orge, 70 setiers, 2 quartes d'avoine, 10 setiers 3 quartes de fèves. De ces chiffres il fallait déduire 39 setiers 2 quartes requis pour le marché du 22 germinal ; il ne restait donc que 651 setiers 1 quarte.

C'était insuffisant pour la population qui était de 1920 habitants, et sur lesquels plus de 1200 demandaient journellement du blé.

Deux membres de la municipalité se rendirent au district pour exposer la situation et demander la réquisition de 50 setiers de blé pour chaque marché jusqu'à la fin de juin. Le blé qui se trouvait chez les particuliers était réduit au strict nécessaire accordé par la loi et l'approvisionnement du prochain marché ne pouvait se faire.

Le district réquisitionna alors sur la commune de Monteignet 50 setiers de blé (froment et orge) mesure de Gannat, pour Ebreuil. Le 14 prairial il n'en restait plus que 10 setiers, et chaque jour 1.200 personnes demandaient des bons à la municipalité. Le blé allait manquer de nouveau.

Le 16 prairial, Pitat se rendit au district, au nom de la municipalité, pour demander une nouvelle réquisition. On lui répondit que la commune était soupçonnée d'avoir encore 104 setiers de blé. Le 17, la municipalité se réunit et protesta, déclarant être sûre par les recensements que la commune était absolument sans grains et sans pain, et que la consommation se montait à plus de 1.200 livres par jour à raison d'une livre et demie par individu; « comme la faim ne peut s'ajourner et que le peuple sera privé demain de subsistances ayant aujourd'hui fini la distribution des 50 setiers reçus de Monteignet », elle décida d'envoyer de nouveau des commissaires au district pour annoncer la disette de la commune et son pressant besoin de secours.

En même temps une grande surveillance fut exercée sur la vente du pain. Ainsi, le 19 prairial, l'agent national signala que plusieurs personnes avaient reçu plus de pain qu'elles ne devaient, notamment la femme d'Amable Villiet, qui en avait reçu 25 livres au lieu de 20, et la femme d'Antoine Méténier 11 livres 1/2 au lieu de 10. Le fait fut reconnut exact par la municipalité; le boulanger, auteur de ces erreurs volontaires, était Pierre Osy. Le même jour, un autre boulanger, Guillaume Chevalier, accusé de faire de fausses pesées, fut condamné à 24 heures de détention. La municipalité déclara que ces deux boulangers « avaient perdu sa confiance ».

Un décret de la Convention, du 11 prairial, mit en réquisition tous les citoyens et citoyennes connus pour s'employer aux travaux des récoltes. Le 4 messidor, la municipalité d'Ebreuil nomma des commissaires pour en dresser la liste et fixer l'époque du départ de ceux qui ont coutume de travailler dans d'autres communes.

Puis craignant de voir les moissonneurs étrangers exiger des salaires extraordinaires, elle mit un maximum à leur salaire, le 1ᵉʳ messidor : les hommes 30 sols par jour, les femmes 20 sols ; les charrois, dans le bassin d'Ebreuil, à bœufs 15 sols le charroi, à vaches 12 sols ; hors le bassin, à bœufs 35 sols, à vaches 30 sols.

Elle fixa également le prix des instruments servant aux travaux de la campagne et aux besoins journaliers : les pioches, pics, mares, 16 sols la livre forgée ; les bêches 18 sols, les fourches 20 sols, le fer à cheval de voiture 20 sols, le fer à cheval de selle ou bidet 15 sols ; pour les relevées de fer, moitié prix ; ferrement d'un sceau 3 livres ; pour une reille neuve 10 sols, pour sa pointe 1 sol, pour le reillon pointu des bouts 5 sols ; pour l'abattage des roues 8 sols par douzaine de trous ; les autres ferrements bruts 7 sols la livre ; les haches, serpes, scies, 20 sols la livre. Le prix des autres instruments, faulx, faucils, ne fut pas fixé parce qu'il ne s'en fabriquait pas dans la commune. Mais des marchands s'en procurèrent et les vendirent à des prix exorbitants. Une faulx, qui valait 50 sols en 1790, se vendait alors 10 livres ; une faucille, qui valait 36 sols en 1790, se vendait 6 livres.

Le 13 messidor, la municipalité fixa le prix d'une faulx à 4 livres 10 sols, et d'une faucille à 3 livres.

A Saint-Bonnet-de-Rochefort, le prix des journées fut arrêté, le 30 prairial an II, « la première et dernière semaine de moissons 20 sols par jour et deux semaines à 40 sols par jour, les fauscheurs à 40 sols par jour ; les bouviers avec les voitures et les bestiaux nécessaires sont taxés dans l'étendue de ladite commune à 25 sols par voyage dans les endroits les plus éloignés et 15 sols les plus proches. Le tout sans y comprendre la nourriture que l'on sera obligé de donner audit ouvrier. »

Le 14 thermidor, la moisson étant terminée, le prix de la journée fut diminué ; à Ebreuil, il fut ramené à 20 sols sans nourriture et 8 sols avec nourriture.

Le 30 fructidor, le prix des journées de vendanges fut fixé pour les porteurs à 10 sols et nourris, pour les vendangeuses à 5 sols et nourries (1).

Le 24 thermidor, la mnicipalité d'Ebreuil décida de faire exécuter l'arrêté du Comité de Salut Public, du 13 thermidor, sur l'approvisionnement des marchés ; pour empêcher l'accaparement des veaux, moutons, volailles, beurres, fromages, œufs et autres denrées de première nécessité, elle fit défense à tous cabaretiers et revendeurs d'acheter ailleurs qu'au marché, à tous les cabaretiers de tuer aucun veau ni mouton, les obligeant à s'approvisionner comme tout le monde chez les bouchers.

Deux commissaires, pris à tour de rôle chaque décade dans la

(1) En 1790, les porteurs étaient payés 6 sols et nourris, les vendangeuses 3 sols et nourries.

municipalité, furent chargés de surveiller la distribution et la vente
de la viande chez les bouchers, afin que tous les citoyens puissent
s'en procurer et qu'il n'y ait pas de préférence. En outre, un
piquet du la garde nationale eut mission de veiller les jours de
foires et marchés pour empêcher l'accaparement de toutes les
denrées de première nécessité et qu'elles ne soient pas vendues
ailleurs qu'au marché.

La récolte de l'an II était à peine achevée que les réquisitions
reprirent :

28 thermidor, réquisition sur le district de 3.000 quintaux de
seigle pour le district d'Evaux : Ebreuil 75 quintaux, Chouvigny
75, Lalizolle 80, Nades 75, Saint-Bonnet de Rochefort 75, Sussat
80, Vicq 75 ;

9 fructidor, autre réquisition de 3.000 quintaux de seigle pour
le district d'Evaux : Ebreuil 35 quintaux, Chouvigny 60, Lalizolle 60,
Nades 25, Saint-Bonnet-de-Rochefort 80.

Toutes les municipalités refusèrent de fournir à ces réquisitions,
prétendant n'avoir pas assez de grains. Celle d'Ebreuil fit remarquer qu'il s'était très peu cueilli de seigle. dans la commune. à
peine la quantité suffisante pour la semence, qu'il avait fallu jusqu'à 100 et 120 gerbes pour faire le setier. Le district fit vérifier
par des commissaires le 13 vendémiaire an III.

Le 21 vendémiaire, le commissaire du district d'Evaux se plaignit vivement que certaines communes parmi lesquelles Chouvigny, Nades et Sussat, refusaient de satisfaire aux réquisitions et
menaça de signaler à la Convention « la mauvaise volonté de ces
municipalités » (1).

Sur le champ, le district donna à celles-ci trois jours pour obéir.

Le 29 vendémiaire, la réquisition n'était pas totalement fournie,
et le district adressa de nouveaux rappels.

26 fructidor an II, réquisition sur le district de 3.000 quintaux
pour le district de Cusset, Vicq 100 quintaux ;

13 vendémiaire an III, réquisition sur le district de 100 quintaux
d'avoine pour le maître de poste de Riom : Ebreuil, Chouvigny,
Lalizolle, Saint-Bonnet-de-Rochefort, chacune 15 quintaux, Nades,
Sussat, Vicq, chacune 10 quintaux ;

4 frimaire, réquisition pour l'approvisionnement d'avoine du
maître poste de Gannat : Ebreuil 15 quintaux, Chouvigny 15,
Lalizolle 10, Nades 50, Vicq 20 ;

(1) Ebreuil et Vicq avaient obéi ; Vicq seule avait fourni tout son contingent,
Ebreuil n'avait fourni que 42 setiers.

18 frimaire, réquisition sur le district de 6.000 quintaux de grains, moitié froment moitié seigle et orge, pour le district de Clermont : Saint-Bonnet-de-Rochefort 300 quintaux, Sussat 200, Vicq 500.

18 frimaire, réquisition sur le district de 4.000 quintaux de grains, moitié froment moitié seigle et orge, pour le district de Thiers : Saint-Bonnet-de-Rochefort 300 quintaux, Sussat 100 ;

5 germinal, réquisition sur le district de 2.000 quintaux de grains (1.000 d'orge, 500 de seigle, 500 d'avoine) pour le district d'Evaux, Ebreuil 150 quintaux avoine, Chouvigny 50 avoine, Lalizolle 150 seigle, Nades 100 seigle, Vicq 200 orge.

L'approvisionnement des marchés était de plus en plus difficile à assurer.

Le marché du 22 fructidor an II devait être approvisionné par Saint-Bonnet-de-Rochefort et Vicq, Saint-Bonnet-de-Rochefort n'envoya rien. Il n'y eut que 18 setiers 1 quarte de tous grains. Ce fut absolument insuffisant car il se présenta 138 ménages de la commune d'Ebreuil représentant plus de 400 personnes. Il aurait fallu au moins 400 boisseaux. « Tous les citoyens, qui ne cueillent point de blé sont au moment d'éprouver l'horreur de la faim », écrivit alors la municipalité. Et l'on était au lendemain de la récolte.

Le 1er jour des sans-culottides, de nouvelles dispositions furent prises pour surveiller l'approvisionnement. Deux commissaires, désignés à tour de rôle l'un parmi les officiers municipaux, l'autre parmi les notables, devaient constater la quantité et les espèces de grains apportés et les prix auxquels ils étaient vendus, et en outre a ce qu'aucun particulier ne puisse acheter que ce qui lui était nécessaire pour sa consommation pendant une décade.

Le 12 vendémiaire an III, Antoine Delarue, commissaire, étant resté sur la place du marché de 10 heures à 2 heures, ne vit venir que 4 setiers de grains de Saint-Bonnet-de-Rochefort (1 setier froment, 1 seigle, 2 orge). Pour se partager cela, il y avait plus de 180 ménages d'Ebreuil et au grand nombre d'habitants des autres communes du canton, en tout pour une population de 600 à 700 personnes.

Pour le marché du 22 vendémiaire il fut réquisitionné 100 setiers. Mais Saint-Bonnet-de-Rochefort n'envoya que 17 setiers au lieu de 30, Sussat 3 au lieu de 15, Vicq 12 au lieu de 20, Chouvigny, Lalizolle, et Nades, rien. L'approvisionnement du marché se trouvait réduit ainsi à 32 setiers, quantité bien insuffisante ; beaucoup ne purent avoir de grains. Il fut même impossible aux commissaires de faire une distribution.

La municipalité d'Ebreuil déclara alors que « si le marché n'a pas été approvisionné, il faut voir la malveillance ou la négligence des officiers municipaux des communes réquisitionnées »; elle envoya aussitôt des commissaires pour savoir les raisons qui les avaient empêchés d'obéir.

Le 12 brumaire, le marché fut absolument dépourvu de grains; et le nombre des personnes qui s'y présentèrent fut « plus grand et plus pressé par la faim ».

La situation devenait grave. Le jour même, l'agent national se plaignit que les officiers municipaux n'étaient pas à leur poste pour délibérer sur le parti à prendre dans une circonstance aussi fâcheuse. Le conseil général de la commune se réunit sur le champ; il se déclara « alarmé de la déplorable situation où se trouve un grand nombre de citoyens, qui sont dans l'impossibilité de se procurer des subsistances ». Et effrayé par la disette qui semblait prochaine, dans un moment d'affolement, il dénonça toutes les municipalités y compris celle d'Ebreuil. S'adressant à l'agent national : « Tu nous avais promis que si les municipalités, qui doivent concourir à l'approvisionnement du marché, ne le faisaient pas, que nous n'avions qu'à te les dénoncer, que tu les poursuivrais et que tu nous ferais avoir du blé; d'après cette considération nous te les dénonçons toutes, nous n'en exceptons pas même celle d'Ebreuil... Nous te requérons au nom de l'humanité à t'occuper sur le champ de l'objet de notre demande, envoie nous des commissaires ou bien traduis les municipalités délinquantes devant les tribunaux; pourvu que tu nous fasses ajourner la faim à un si grand nombre de malheureux citoyens, l'objet de nos vœux sera rempli ! » (1)

Une nouvelle période s'ouvrit dans le régime des subsistances par le décret « relatif à la fixation du prix des grains et des fourages », du 19 brumaire an III (9 novembre 1794).

Ce décret rendit au système du maximum, tout en le maintenant, une souplesse qu'il n'avait pas eue même avec la loi du 4 mai 1793, en décidant que celui-ci serait désormais établi par district, d'après les prix de 1790, augmentés des 2/3 en sus.

Le 30 brumaire an III, il fut ainsi fixé pour les grains, foins, pailles et fourrages :

____

(1) La municipalité d'Ebreuil avait cependant fait tout son possible; elle avait bien réparti les 20 setiers de son contingent, mais les personnes requises n'avaient pu fournir que 6 setiers 1 quarte.

Froment.	le quintal	21 livres				4 denier
Seigle·	—	17	—	7 sols	6	—
Conseigle	—	19	—	3	— 5	—
Mixture	—	15	—	17	— 6	—
Orge	—	14	—	19	— 2	—
Avoine	—	10	—	15	— 5	—
Fèves	—	11	—	16	— 8	—
Pois.	—	20				
Foin.	—	5				
Foin 2ᵉ qualité. .	—	4	— 10	—		
Paille froment et seigle . . . ;	—	2	—	5	— 10	—
Paille froment et seigle, 2ᵉ qual. .	—	2	—			
Paille orge . . .	—	3	—			
Paille orge, 3ᵉ qual.	—	2	— 10	—		

L'approvisionnement des marchés était toujours aussi difficile·

Le 12 frimaire, il ne vint que 5 setiers d'orge, et le marché ne put se tenir.

Le 22 frimaire, il ne vint rien. « Il s'est présenté une foule de peuple et surtout de la montagne pour s'approvisionner pour quatre décades, il y a eu une malveillance évidente de la part des communes. Ce défaut d'approvisionnement se fait sentir et annonce les horreurs de la famine ; le bureau est tous les jours plein de veuves et d'orphelins pour demander du pain, et la municipalité, le cœur navré de douleur, ne peut satisfaire à leur juste demande, n'ayant aucune ressource pour les soulager dans leur pressant besoin... » (1)

Plus on pourchassait le blé, plus il se cachait. Les cultivateurs faisaient les misérables, les autorités locales fermaient les yeux. Les recensements, les vérifications, les réquisitions, le rationnement des consommateurs, la réglementation sévère de la vente du pain, la confiscation des bluteaux, etc., toutes ces mesures se succédaient en vain. La France se débattait sans discontinuer depuis de longs mois contre la disette. Cette disette était factice, il est vrai ; elle pouvait devenir réelle ; elle était même à la veille de le devenir.

L'hiver de l'an III fut très rigoureux, il surpassa celui de 1789 ; l'insuffisance des récoltes se fit durement sentir.

En outre, les cultivateurs pourchassés laissaient leurs terres en

(1) Délibération du 22 frimaire an III.

friche, et ne semaient que pour leur consommation personnelle. Il fallut alors les obliger à semer, comme il avait fallu réquisitionner des hommes pour moissonner.

Dans les circonstances où se trouvait la France, toutes ces mesures l'ont peut-être sauvée, mais on conçoit sans peine quel trouble extraordinaire elles apportèrent dans les échanges et la circulation.

Le maximum fut supprimé par le décret du 4 nivôse an III. Il s'en faut cependant qu'on soit revenu de suite au régime de liberté en vigueur avant le 4 mai 1793. Le décret du 4 nivôse contenait des restrictions qui, reprises, confirmées, aggravées même par une série de décrets de la Convention et d'arrêtés du Comité de Salut public, devaient garder leur valeur jusqu'en l'an V.

Toutefois les cultivateurs reprirent peu à peu courage et espoir ; ils firent leurs labours, leurs semences et leurs récoltes.

La loi du 21 prairial an V rendit au commerce des céréales une entière liberté d'opérations.

« Jamais, dit Thiers, aucun gouvernement ne prit à la fois des mesures plus vastes ni plus hardiment imaginées ; et pour accuser leurs auteurs de violence, il faudrait oublier le danger d'une invasion universelle, et la nécessité de vivre sur les biens nationaux sans acheteurs. Tout le système des moyens forcés dérivait de ces deux causes. Aujourd'hui une génération superficielle et ingrate critique ces opérations, trouve les unes violentes, les autres contraires aux bons principes d'économie, et joint le tort de l'ingratitude à l'ignorance du temps et de la situation. Qu'on revienne aux faits et qu'enfin on soit juste pour des hommes auxquels il en a coûté tant d'efforts et de périls pour nous sauver ! » (1)

ANNEXE N° 1

Visite des châteaux

Le directoire du district de Gannat, par arrêté du 5 floréal an II (25 avril 1794) chargea Cariol aîné de visiter les châteaux-forts et forteresses du district susceptibles d'être démolis en entier ou partiellement, en exécution du décret du 12 pluviôse précédent. Ce commissaire devait visiter les lieux, dresser procès-verbal de sa visite et l'envoyer promptement au directoire qui prendrait les mesures nécessaires.

(1) Thiers, *Histoire de la Révolution Française*, t. IV, p. 379.

Cariol visita dans ces conditions les châteaux de Lyonne et Rilhat, commune de Cognat-Lyonne; Vendat; Montluisant et Chezelle, commune de Charmes; Saulzet; Langlard et La Mothe, commune de Mazerier; Veance; Vicq et Beaurepaire, commune de Vicq; Le Chatelard, commune d'Ebreuil (1).

Chateau de Vicq.

« Du 3 messidor an II. Ci-devant chateau de Vicq appartenant à la citoyenne La Feuillaux.

« Aujourd'hui 3e jour messidor an II de la République française une et indivisible, en vertu de la commission qui m'a été confiée par les citoyens administrateurs du directoire du district de Gannat, département de l'Allier, en date du 6 floréal dernier, qui me commet pour faire les visites et désigner les chateaux ou partie d'yceux forts et forteresses qui sont dans le cas d'être démolis en exécution des lois des 6 août et 13 pluviôse dernier à l'effet par moi d'en dresser procès-verbal et être rapporté à l'administration pour qu'il en soit fait ce qu'il appartiendra.

« En conséquence je soussigné m'étant rendu au lieu du ci-devant chateau de Vicq situé dans la commune de Vicq appartenant à la citoyenne Lafeuillaux y demeurant, j'en ai fait la visite en présence du citoyen Lesbre, gendre de la propriétaire, et après avoir vu et examiné le local soit à l'extérieur et dans l'intérieur de ses batiments j'en ai fait la description ainsi qu'il suit :

« Le plan du local de ce cy-devant chateau présente à son entrée une avant-cour, clos de murs, à l'aspect du midy où est placé un portail d'entrée; dans l'intérieur de cette cour sont placés plusieurs batiments d'exploitation rurale soient : granges et autres. A cet effet.

« La perspective du chateau présente un corps de batiment d'environ 16 toises de longueur sur les faces du levant et couchant, et onze à douze toises sur les faces de midy et nord, formant presque un carré parfait, entourés sur les 4 faces par des fossés de 36 pieds de largeur pouvant prendre 7 à 8 pieds d'eau en profondeur, escarpés par les murs des batiments du chateau et contre-escarpés par d'autres murs qui en forment les pourtours, de manière que pour aborder la porte d'entrée il faut passer sur un pont bati en pierre ayant deux arcades dont l'une n'a été faite que depuis quelques années pour substituer à un pont-levis qui existait alors; la partie du batiment où est placée la porte d'entrée forme un avant-corps avançant de 6 à 7 pieds dans le fossé, ayant 24 pieds

(1) Archives départementales de l'Allier, L, 482.

de largeur, présentant par sa construction extérieure un pavillon à peu près carré montant à 3 étages en forme de Donjon, au rez-de-chaussée duquel est placée la baie du portique qui est construit en pierre de taille, où sont encore les vuides et rainures pour recevoir les mas coulis du pont-levis; le rez-de-chaussée de ce pavillon forme un vestibule à doubles portes; les murs ont de 4 pieds 1/2 à 5 pieds d'épaisseur dans l'un desquels se trouve pratiquée une embrasure formant une visière donnant sur la porte d'entrée de l'avant-cour, d'où l'on pourrait défendre l'entrée du chateau. Dans l'épaisseur de la voute qui divise en hauteur le vestibule d'avec la chambre du 1er étage du donjon se trouve pratiquée un vuide d'environ deux pieds de longueur sur quinze pouces de largeur objet qui a été fait dans le temps pour servir d'assommoir; de la chambre du 1er étage, l'on monte par un escalier dérobé dans celle du second dont le sol est aussi voûté, le plancher supérieur est formé par des solives passant saillant à l'extérieur des murs en forme de créneaux dont les intervalles paraissent avoir été construits pour former des meurtrières; ce donjon se termine par un troisième étage sous une charpente en forme de pavillon très élevé et présente par sa construction un objet d'attaque et de défense.

« De suite étant dans la cour intérieure du chateau j'ai observé que l'escalier principal qui communique aux appartements du corps de logis est pratiqué dans une partie de batiment faisant avant corps dans la cour dont le comble forme une flèche détachée de celui du corps de logis objet qui représente les emblèmes féodaux.

« Ayant suivi et examiné tous les appartements du corps de logis j'ai remarqué que sa construction intérieure et extérieure est moderne ne présentant dans son entier aucune marque d'attaque ni de défense, pas même des emblèmes de féodalité.

« A l'aspect du Nord de la même cour sont placés des anciens batiments composant une espèce de galerie et une chambre prenant jour au même aspect dont les couverts sont à tuile plate, aux deux extrémités existe une élévation de couvert en forme de flèche excédente de quelques pieds le faitage de sa suite du couvert, ce qui annonce encore l'ancien usage pour désigner les fiefs ou chateaux.

« D'après la description ci-dessus détaillée et après avoir consulté et examiné les articles 1 et 2 de la loi du 13 pluviôse dernier il est urgent que les fossés qui entourent ce ci-devant chateau soient comblés pour que l'abord des batiments soit praticable, et sur les observations qui m'ont été faites par la citoyenne La Feuillaux et le citoyen Lesbre que dans ces fossés, il y a une source d'eau assez abondante en écluzant des eaux dans les fossés pour que dans les temps de sécheresse elle faisait mouvoir un moulin qui est sur le ruisseau de la Veauce plus bas et en aval du chateau, d'après ces observations je laisse à la justice des administrateurs du directoire du district conformément à l'article 5 de la loi le jugement qu'il conviendra porter à cet effet.

« La couverture, la charpente, le plancher et les murs qui forment le donjon seront démolis jusqu'à la hauteur du dessus de la fenêtre de la chambre du 1er étage, toutes les pierres de taille du portique formant les rainures des mas coulis du pont levis seront démolies ainsi que celles qui forment les visières sur les cotés pour qu'il n'en reste aucune marque des emblèmes d'attaque et de défense.

« La pyramide qui couvre la tour de l'escalier ainsi que les deux parties des combles en forme de pavillon qui couvrent les vieux batiments seront détruits, d'après quoi les batiments demeureront encore fermés et logeables et ne moutreront aucun emblème de féodalité et ne pourront nuire à la sûreté publique. De tout quoy j'ai dressé le présent procès-verbal pour être rapporté aux administrateurs du directoire du district de Gannat pour qu'il en soit fait ce qu'il appartiendra. « Fait le dit jour et an que dessus. Cariol aîné. »

Chateau de Beaurepaire, commune de Vicq.

« Aujourd'hui 3 messidor an II...... me suis rendu au lieu du ci-devant chateau de Beaurepaire situé commune de Vicq, y ayant trouvé le citoyen Papon propriétaire de ce local je lui ai communiqué la commission qui me commet pour voir et faire la visite des chateaux.....

« De suite, il m'a fait voir tous les tenants de sa maison qu'il a fait réparer depuis peu d'années et m'a dit qu'il avait prévu les décrets de l'assemblée nationale lors de ses réparations, qu'il a détruit plusieurs objets qui formaient des emblèmes de féodalité, et après avoir vu et examiné par devers moi tous les objets qui composent cette maison, j'ai observé que la tour où est placé l'escalier montant jusqu'au galletas de la maison excède de beaucoup le toit d'ycelle, qu'audessus de l'échappée dudit escalier, il y a un colombier d'environ 6 à 7 pieds de hauteur pour atteindre l'enreiure de la charpente d'une flèche qui couvre ladite tour, que cette flèche annonçant un emblème de féodalité, que pour se conformer à la loi du 13 pluviôse dernier la charpente de cette tour doit être détruite ainsi que la partie des murs formant le surplus de l'excédent de l'échappée de l'escalier pour la suite recouvert en appenti.

« Ayant encore remarqué que dans la cour à la distance de 25 à 30 pieds de la maison, il y a un bâtiment formant un pavillon carré d'environ 15 à 18 pieds de diamètre dont le haut sert de colombier, couvert par un toit très aigu. En examinant cet objet qui annonce encore un emblème de féodalité le c. Papon m'a observé que ses intentions étaient de détruire ce batiment pour lui faciliter un allongement à sa maison; de tout quoy j'ai dressé le présent procès-verbal. Cariol ainé ».

Chateau du Chatelard, commune d'Ebreuil.

« Aujourd'hui 4e jour de messidor an II.......

« En cette qualité je me suis transporté au lieu du ci-devant chateau du Chatelard, situé dans le territoire de la commune d'Ebreuil appartenant à la citoyenne Féligonde demeurant ordinairement à Clermont-Ferrand : étant sur les lieux je me suis adressé au citoyen Jouandon fermier de la terre dépendante du chateau, lequel m'a introduit dans les batiments, et après les avoir suivis et examinés à l'extérieur et dans l'intérieur j'en ai fait les observations ainsi qu'il suit :

« Ce ci-devant chateau est situé sur une éminence entourée de bois aux aspects de sud-ouest et nord-ouest, l'on entre par un premier portail qui est à l'aspect du sud-est, dans une grande et vaste cour où se trouve placée une ci-devant chapelle dont la construction forme une équerre avec une tour ronde à l'angle extérieur qui est couverte par un comble conique en forme de pyramide.

« De cette première avant-cour, l'on entre par un second portail dans une seconde cour qui est ceinte à son aspect du sud-est par une tour ronde nommée le colombier et par les batiments formant les écuries; aux aspects du nord elle est ceinte par un mur de clôture élevé de 16 à 17 pieds faisant retour d'équerre, sur l'angle d'iceux existent des corbeaux en pierre de taille saillant hors des murs en forme de meurtrières.

« De cette seconde cour, l'on entre, dans une troisième où sont placés de droite et de gauche les 2 corps de logis composant le dit chateau; celui qui est à droite présente un édifice des plus anciens ne servant que pour le fourage, caves, et cuvage à son rez-de-chaussée, les étages supérieurs servent pour des greniers, sa façade postérieure du coté de la cour présente un vieux portique plus ancien que le gothique, à l'extrémité duquel régnent 4 créneaux saillant hors les murs, le comble qui couvre cette partie de portique forme un pavillon élevé et aigu, sur l'angle de ce même bâtiment est placée une tour carrée à l'extrémité de laquelle règnent des créneaux et meurtrières, sur son pourtour, le comble qui la couvre forme aussi un pavillon aigu avec une lanterne qui le termine ; de la jonction de ce batiment à celle du batiment où loge le fermier est un mur épais de quatre pieds qui sépare les deux cours sur lequel se trouve pratiquée une galerie couverte communiquant au 1er étage d'un bâtiment à l'autre, laquelle est supportée par des corbeaux saillant hors des murs de prés de 2 pieds dont les intervalles fo ment autant de meurtrières avec leurs visières à hauteur de 3 à 4 pieds.

« Sur la façade de l'autre corps de logis qui est à l'aspect du sud est placée une tour ronde dont le comble forme une flèche conique, sur la même façade se trouve une autre partie du batiment d'environ 12 pieds de largeur faisant avant corps en forme de pavillon, lequel est couvert par un comble formant une flèche, objets qui représentent des emblémes de féodalité.

« D'après la description ci-dessus, j'ai observé que tous les batiments en général sont en très mauvais état que la majeure partie servent à loger les fermiers et à l'exploitation rurale, mais que beaucoup de parties de ses batiments représentent les emblèmes féodaux et des objets de défense ; en conformité de la loi tous les articles ci-après expliqués seront detruits : 1º La flèche de la tour de la chapelle sera détruite pour être recouverte à hauteur du couvert du bâtiment adhérent. 2º Le mur où est placé le portail de l'avant-cour étant crenellé sera démoli jusqu'à hauteur de clôture. 3º L'angle des murs de clôture de la seconde cour où sont placées des pierres de taille en forme de meurtrières sera aussi démoli. 4º Le comble et le haut du portique du batiment à droite de la cour sera démoli jusqu'à la hauteur des murs des appentis qui s'y trouvent sur les cotés, la tour nommée de l'horloge sera aussi démolie jusqu'à la hauteur de l'échappée de l'escalier. 5º La galerie et tous ses attributs ainsi que le mur sur lequel elle est batie sera détruit jusqu'à hauteur de clôture. 6º Les combles en flèches qui couvrent les tours et pavillons seront démolis pour être recouverts en appentis à la hauteur des autres bâtiments. D'après l'exécution des articles détaillés ci-dessus et d'après l'avis et le prononcé de l'administration, je pense que le surplus des batiments ne pourra nuire à la tranquilité publique. Cariol aîné ».

ANNEXE N° 2.

**Extraits des mercuriales des marchés de la ville d'Ébreuil,
pendant la Révolution.**

Le setier mesure d'Ébreuil [1] :

		Froment	Seigle	Orge
1790	26 février	25	21 5	18 3
	5 mars	27 17	21 13	18
	2 avril	27	21 10	17
	7 mai	29 13	25	19
	4 juin.	29	25 11	19 6
	2 juillet.	27 10	20 10	18 5
	6 août	23 8	18 13	12 15
	3 septembre . . .	21 6	18 13	14 15
	2 octobre	21 2	18 6	15 10
	5 novembre. . . .	21 18	17 15	15
	3 décembre. . . .	21 3	18 10	15 15
1791	7 janvier.	22 5	18 5	15 10
	4 février.	22	19 3	16 15
	4 mars	23 7	21	18
	1 avril	23 2	19 9	16 15
	6 mai.	18 11	15	12 10
	3 juin	17 16	15 14	12 10
	1 juillet.	20 9	17	14
	5 août	24	20	15
	2 septembre . . .	21 8	19 5	13 15
	3 octobre	21 10	17 10	14 10
	4 novembre . . .	21 15	17 5	14 5
	2 décembre . . .	23 5	20	15 10
1792	5 janvier	24	22	16
	3 février.	24 15	21 10	16
	2 mars	26 10	21	17
	6 avril	28	21 10	17
	4 mai.	32	31	21
	1 juin	31 10	29 15	22
	6 juillet.	33 15	29	22

(1) Les valeurs sont exprimées en livres, sols et deniers.

Le setier mesure d'Ébreuil :

		Froment	Seigle	Orge
1792	3 août	35	30 10	24
	7 septembre	42	40	26
	2 octobre	49	39	29
	2 novembre	48	41	30
	7 décembre	49 5	42	33
1793	4 janvier	46	41	31
	1 février	50	42	31 15
	1 mars	52	44 10	34 10
	5 avril	54	49	36
	3 mai.	62	59	43
	juin	45	42	30
	juillet.	42 15	39 18	28 10
	août	36 6 6	38 11	27 11
	septembre . . .	40 5 10	37 12 1	26 17 2

(Les mercuriales manquent pendant les ans II, III, IV, V, et VI.)

		Froment	Seigle	Orge
an VII	2 vendémiaire . .	12 10	8 15	6
	2 brumaire. . . .	14	9 5	6 5
	2 frimaire	11 10	7 10	5 10
	2 nivôse.	12 5	8	»
	2 pluviôse	11 5	8	6 10
	2 ventôse	12 10	8 7 6	6 2 6
	2 germinal. . . .	12 10	8	5 15
	2 floréal	15 12 6	9 5	6 15
	2 prairial	18 10	11 10	7 10
	2 messidor. . . .	15 10	9 10	6 10
	7 thermidor . . .	16 2 6	9	7 10
	2 fructidor. . . .	16 10	9 10	6 10

ANNEXE N° 3.

Taxe du pain à Ébreuil pendant la Révolution.

La livre de

		Pain mollet	Pain second froment	Pain bis
1790	6 mars.	3 9[1]	2 9	2
	1 mai.	4	3 3	2 3

(1) Les valeurs sont exprimées en sols et deniers.

| | | La livre de | | |
		Pain mollet	Pain second froment	Pain bis
	23 mai.	4 3	3 3	2 6
	11 juin	4	3	2 3
	2 juillet.	4	2 9	2
	23 juillet.	3 9	2 6	1 9
	15 août	3 3	2 3	1 6
	12 décembre	3	2	1 6
1791	28 février.	3 6	2 6	1 9
	15 avril	3 9	2 3	1 6
	29 avril	3	2	1 6
	6 mai.	2 9	2	1 6
	11 juin	2 6	1 9	1 6
	23 juin.	2 9	2	1 6
	3 juillet.	3	2	1 6
	29 juillet.	3 3	2 3	1 9
	24 décembre	3 6	2 9	2
1792	9 mars	3 9	3	2
	28 avril	3 9	3	2 3
	5 mai.	4	3 3	2 6
	13 mai.	4	3 9	2 9
	26 mai.	4	3 6	2 6
	8 août	4 3	3 9	2 6
	11 août	4 9	4	3
	18 août	5 3	4 6	3 6
	16 septembre	5 6	4 9	3 9
	26 septembre	6	5 3	4
1793	27 janvier	6 6	5 9	4 6
	6 avril	7	6	4 9
	13 avril	7 6	6 6	5
	26 avril	8	7	5 6
	26 mai.	5 6	4 9	3 9
	3 juin	5 9	5	4
	7 juin.	»	5	4
	15 juin.	»	5 6	4
an IV	10 prairial	4	3	2
	6 thermidor	3	2	1 6
an V	29 germinal.	3	2	1 6

Taxe de la viande à Ébreuil pendant la Révolution.

			l.	s.	d.
1790	mars	la livre : 5 sols		6 deniers	
1792	29 septembre	6	—	6	—
	5 octobre	7	—		
	15 décembre	6	—	6	—
1793	12 avril	8	—		
	26 avril	8	—	6	—
	31 mai	9	—		
	7 juin	10	—		
an IV	10 prairial.	4	—		
an V	29 germinal	5	—		

ANNEXE N° 4.

Arrêtés du district des 23 et 25 vendémiaire, an II, fixant le maximum du prix de toutes les denrées et marchandises pour le district.

	l.	s.	d.
Viande fraîche, la livre.		7	(1)
Porc frais, la livre.		9	
Viande salée ou lard, la livre.		8	9
Beurre, la livre.		15	
Huile douce ou huile d'olive fine, la livre	1	12	
Huile commune, la livre.	1		
OEufs, la douzaine		10	8
Bœufs, la plus belle paire	700		
Vaches, la plus belle paire.	400		
Cheval, le plus beau du pays.	500		
Ane, le plus beau du pays.	50		
Brebis, la plus belle paire	11		
Moutons, la plus belle paire	15		
Chèvre, la plus belle.	18		
Harengs, la pièce		2	
Riz, la livre		10	
Morue verte, la livre.		11	
Merluche, la livre		11	
Vin rouge, non compris le fût, le poinçon	72		
Vin rouge, la bouteille, mesure Moulins.		7	
Vin blanc, non compris le fût, le poinçon	50		
Vin blanc, la bouteille, mesure Moulins.		5	
Eau-de-vie du pays, la bouteille, mesure Moulins. .	1	10	

(1) La livre fut portée à 9 sols, le 9 frimaire an II.

	l.	s.	d.
Vinaigre bon, la bouteille, mesure Moulins . . .		10	
Pommes de terre blanches, le setier	5	10	
Pommes de terre rouges, le setier.	8		
Charbon de bois pris sur le four, la livre			6
Charbon de terre pris au port, le quarton mesure Cusset.		15	
Chaux, le poinçon.	4		
Briques et tuiles, le cent	1	10	
Chandelle, la livre		18	6
Suif brut, le quintal	56		
Huile de noix, la livre		16	
Huile de chénevis, la livre.		14	
Saindoux, la livre.		15	
Sucre, la livre	1	16	
Miel fondu, la livre	1	4	
Papier blanc commun, la rame . . . . . . , . .	4	5	
Papier fin de comptes, la rame.	10	10	
Papier d'écolier, la rame	5	13	
Papier bulle, la rame.	7	18	
Papier de trace, la rame	3	3	
Papier grand de trace, la rame	7	7	
Cuir de bœuf en poils, la pièce	32		
Cuir fort de bœuf ouvré, la livre	1	10	
Cuir de vache en poils, la pièce.	20		
Cuir de vache ouvré, la livre.	1	8	
Cuir de vache en huile, le plus beau	36		
Peaux de veau en poils, la douzaine	45		
Peaux de veaux fortes, la douzaine.	80		
Peaux de veaux communes ouvrées, la douzaine. .	70		
Peaux de moutons en laine, 1ʳ qualité, la douzaine.	16		
Peau de chèvre en huile, la plus belle	8	10	
Cuir de cheval en poils, la pièce.	6		
Cuir de cheval ouvré, le plus fort	20		
Cuir de baudet en poils, la pièce	3		
Peau de baudet ouvrée, la plus forte	10		
Peau de chèvre en poils, la pièce	4		
Peaux de chèvres, la douzaine	42		
Basanes en huile, la douzaine. . . . ·	20		
Peaux blanches, la douzaine	18		
Fer en barre, le quintal.	35		

	l.	s.
Fer en détail, la livre.		7
Plomb en saumon, la livre.		10
Acier ordinaire, la livre.		12
Cuivre jaune, la livre.	2	
Cuivre rouge, la livre.	2	10
Fromage de montagne, la livre		9
Fromage du Cantal, la livre		14
Forme, la livre.		11
Chanvre, la livre		15
Lin, la livre.	1	4
Lait, la pinte.		3
Fil de chanvre, toile de lessive pour ménage, la liv.	2	10
Drap Louviers, l'aune (1)	44	
Ecarlate ordinaire, l'aune	48	
Julienne, l'aune.	56	
Drap Elbeuf, l'aune	24	
Drap Elbeuf Pierre Grandin, l'aune.	28	
Drap vingt quatrins, l'aune.	18	10
Drap de montagne, l'aune	16	
Drap de Silésie, l'aune	8	
Serge ordinaire de ménage, l'aune.	4	8
Droguet commun, l'aune	2	14
Droguet d'Angleterre, l'aune	4	8
Étamine commune, l'aune	2	8
Sommière forte, l'aune	4	16
Sommière commune, l'aune	3	18
Demie-sommière, l'aune.	2	18
Montauban noir, l'aune	8	8
Montauban étroit, l'aune	6	14
Espagnolette, l'aune	3	
Ratine, l'aune	4	8
Ras du Maroc, l'aune.	3	7
Ratine large, l'aune	13	10
Sergette, l'aune.	2	3
Cadix, l'aune.	1	12
Montauban pressé, l'aune	6	
Demi-Londres, l'aune	4	14
Redin pressé, l'aune	4	14
Serge Minorque, l'aune	7	
Coton blanc en ouate, la livre.	2	4

(1) L'aune était de 3 pieds 7 pouces, 10 lignes 5/6, 1 mètre 191 milliin.

	l.	s.	d.
Coton jaune, la livre.	3		
Coton Nankin, la livre	3	10	
Chapeau fin castor.	18		
Chapeau demi-castor.	12		
Chapeau commun première qualité.	8		
Chapeau commun deuxième qualité	3	10	
Chapeau dernière qualité	1	15	
Bottes cirées à l'écuyère, la paire	32		
Bottes ordinaires, la paire.	24		
Souliers d'hommes, la paire	5	10	
Souliers de femmes, la paire.	4		
Souliers plats pour femmes, la paire	4	10	
Pantoufles pour femmes, la paire	3	10	
Souliers pour enfants de 8 ans, la paire	3		
Souliers pour enfants au-dessous de 8 ans, la paire.	2	5	
Souliers pour enfants de 2 ans, la paire	1	15	
Souliers ferrés pour voituriers, la paire..	9	10	
Sabots de Lalizolle et autres communs, pour homme, la paire.		7	
— pour femme, la paire		6	
— pour enfant de 10 à 15 ans, la paire. . . .		4	
— pour enfant au-dessous de cet âge, la paire .		2	6
Sabots de Cusset, pour homme, la paire.		10	
Sabots de Cusset, pour femme, la paire		9	
Sabots de Cusset, pour enfant, la paire		5	
Sabots de noyer, pour homme, la paire.		12	
Sabots de noyer, pour femme, la paire		10	
Sabots de noyer, pour enfant de 10 à 15 ans, la paire.		6	
Sabots de noyer, au-dessous de cet âge, la paire. .		4	
Toile de coton Guinée, l'aune	7	10	
Toile de basin tordu grande largeur, l'aune . . .	5	8	
Toile de basin même qualité petite largeur, l'aune.	5		
Toile de basin rayée du pays, l'aune	5	10	
Toile de basin unie blanche du pays, l'aune . . .	5		
Toile basin roux du pays, l'aune.	4		
Toile blanche fine de 7/8, l'aune.	3	8	
Toile blanche moyenne 7/8, l'aune	2	14	
Toile blanche commune 7/8, l'aune.	2		
Toile de coton pour doublure 1re qualité, l'aune. .	4		
Toile rousse 1re qualité 7/8, l'aune.	3		
Toile métayère 7/8, l'aune, ...	2	10	

	l.	s.	d.
Toile de coton pour doublure 2e qualité, l'aune . .	2	15	
Toile d'étoupe 3/4, l'aune	1	12	
Toile blanche 3/4 fine, l'aune.	3		
Tabac rapé, la livre	1	12	
Tabac rapé, l'once		2	
Epingles 1re qualité, le quarteron		1	
Epingles 2e qualité, le quarteron			9
Epingles de fer, les deux quarterons			9
Aiguilles anglaises à coudre, le quarteron		11	
Aiguilles d'Allemagne, le quarteron		4	
Poil de chèvre grand écheveau, l'écheveau		3	6
Poil de chèvre petit écheveau, l'écheveau		1	9
Fil blanc, l'écheveau.		2	
Fil commun, l'écheveau.		1	6
Fil en couleur, l'écheveau		2	
Petits boutons, la masse		14	
Grands boutons, la masse		18	
Bougran, l'aune	1	12	
Crochets ou crochettes pour uniforme, les deux cents.		5	
Lien de coiffe commun, l'aune			9
Lien fin, l'aune.		1	
Lien large d'un doigt, l'aune.		1	6
Lien noir pour cheveux, l'aune		1	6
Padou 1re qualité, l'aune		7	
Padou 2e qualité, l'aune.		4	
Clous de marche, le cent	1	9	
Clous de quatre doigts, le cent	1		
Clous de trois doigts, le cent.		13	6
Clous de deux doigts, le cent		8	
Clous de latte, le cent		7	
Broquettes, le cent		4	6
Le drapeau ou vieux linge, le cent.	16	10	
Bois à brûler, la prise de bois taillis 1re qualité de l'âge de 20 ans, de 50 pas sur chaque face, carré.	120		
— de 10 ans	60		
Vente au détail faite au bois : bois de régale, la corde.	6		
La plus belle perche, le cent.	20		
Les fagots, le cent	4		
Le merrain grand mitan, le mille	400		
Le fût ou poinçon neuf, de 240 pintes, le mille . .	8		
Le fût ou poinçon neuf, de 200 pintes	6	15	

	l.	s.
Cercles, la douzaine		10
Vises, le cent		12
Maillières, le cent	6	
Pécels, le mille	3	10
Pois haricots, le boisseau	3	
Pois ronds, le boisseau	2	10
Fèves, le boisseau.	2	
Vesses ou vessards, le boisseau.	1	16

Volailles aux marchés :

	l.	s.
Coq d'Inde, la plus belle paire	6	
Dindonnes, la plus belle paire	5	
Chapons, la plus belle paire	3	10
Oies, la plus belle paire.	3	10
Poulets, la plus belle paire.	1	10
Canards, la plus belle paire	1	10

Poissons frais aux marchés :

	l.	s.
Saumon, la livre	1	5
Brochet et anguille, la livre		15
Tanche, la livre.		12
Carpe, la livre		10
Barbillon et autres poissons de rivière, la livre . .		8

Fruits :

	l.	s.
Pommes, le poinçon	18	
Pommes les plus belles (rainettes, calvilles) et poires, le quarteron		10
Pommes d'api, et autres moyennes et communes, le quarteron		5

[cachet de bibliothèque : R. F.]

Visa du commissaire :

CHRISTIAN PFISTER,

Correspondant de l'Institut, Professeur à la Sorbonne.

TABLE DES MATIÈRES

ANGERS. — IMPRIMERIE A. BURDIN ET Cie, 4, RUE GARNIER.

www.ingramcontent.com/pod-product-compliance
Lightning Source LLC
LaVergne TN
LVHW021839170726
843503LV00003B/1007